新日
丛书

# 为思维而教

郅庭瑾◎著

## 第3版

教育科学出版社
·北京·

## 20 年来"为思维而教"

作为我的学术处女作，本书第一版（书名为《教会学生思维》）的出版时间是 2001 年 12 月，至今已经走过了整整 20 年。那一年，我刚刚取得博士学位，成为一名大学教师。也就是说，《教会学生思维》首次出版，和我从学生向学者的角色转换发生在同一年。从这个意义上说，这本书伴随并见证了我从一名学术新人开始，在学术道路上成长进步的全部历程，也将继续激励我在学术道路上坚持走下去。

虽是第一本学术著作，但意想不到的幸运是，《为思维而教》曾荣获第八届全国高校出版社优秀畅销书一等奖、第十届上海市教育科学研究优秀成果（教育理论创新）二等奖、上海市第十届哲学社会科学优秀成果奖三等奖等学术肯定；更加令人意外的收获是，《为思维而教》帮助我结识了一大批学术同道和同行好友，尤其是来自基础教育一线的管理者和校长，爱思考爱研究的中小学教师们。由于他们，我深切体会到了研究与学问的影响力和价值，并因而不断提醒自己要努力做得更好。

正是由于处女作，正是由于一同走过 20 年，本书于我而言具有一份特别的意义。因此，在 20 年之后，修订一本堪称"畅销"、印数近 10 万册的学术著作，想想就是一件令人激动不已、跃跃欲试的事情。尤其是经过完善和更新，这本书能够与如火如荼的教育改革实践相比不至于脱节，与一批批愈益年轻活跃的教师读者的期待相比不至于落伍，从观点、思想到内容、文句都尽可能避免疏漏，并历久弥新，这对作者而言也是倍加珍惜的一次再学习的好机会。

同时，丛书主编袁振国教授提出的修订要求，"我希望老师们一边喝着茶一边把这本书看完"，正好与我的想法不谋而合。因此，本次修订最主要的工作可以概括为三个关键词：更新、删减、实用。更新，就是将过时的内容淘汰，更新为当下前沿的研究进展和结论；删减，就是将原有基于博士论文研究和学术著作定位的内容删减调整为通俗生动的案例和讲述；实用，就是从一线教师工作需要的立场增添可借鉴、可操作的举措和做法。在文本的形式上，也力图体现阅读的轻松感和愉悦感，为此，此次修订在书中添加了插图、表格和图片等。

过去的 20 年中，为了践行"为思维而教"的理念，我不仅努力将之运用至我作为大学教师的教学实践中，在面向本科生、硕士生和博士生等不同对象的教学过程中时时体悟如何更好地实现为思维而教，我还以一个志愿者的身份，以一名 20 世纪 80 年代中师生的专业自信，在上海市一所小学的讲台上对二年级小学生讲授了"儿童哲学"课。虽然时间仅有一个学期，但孩子们在课堂里真实而纯真的欢喜的表现，以及博士生课堂和小学生课堂教学话语的转换带给我的冲击和反思，使得我透过这一看似具体而微观的话题，对宏大而宏观的中国教育教学改革问题，对永恒而深刻的人才培养之根本问题，都有了更多切身的感触和感悟。

我一直认为，本书过去 20 年的"畅销"，并非由于已有的研究已经足以解决现实问题，更不是因著作的撰写有多么高的水准。唯一能够说明的，恰恰只是这一主题或话题太被需要，这一问题或难题尚未得到破解。而要真正彰显其价值，就是要通过影响更多的一线教师，切实地对基础教育教学实践带去有益的变革。

希望本次修订能够朝着这样的方向，尽力做那么一点点有意义、有价值的推进。

# ■ 目 录 ——————————————————

"一个民族要想站在科学的最高峰，就一刻也不能没有理论思维。"人类社会发展的历史，就是不断创新的历史。科学的发明和创造是靠人的思维来实现的。思维能力、创新精神从哪里来？作为培养人的社会活动，从本质上讲，教育从来就应该将培养学生的思维能力和创新精神作为重要目标。

## 一、教会思维是教育的重要使命之一

人们不断要求和期望教育把人类意识的所有一切创造潜能都释放出来。"但是千百万人们今天却正在发现，他们创造活动的两个组成因素（思想和行动）都已经瘫痪了。……教育既有培养创造精神的力量，也有压抑创造精神的力量。"（联合国教科文组织国际教育发展委员会，1996）[188] 是的，教育在维护某种已有秩序和现存状态上的确曾取得了巨大的成功，然而它在另一方面也限制了人类自身的充分发展，特别是当面临新的挑战亟须做出新的调整和回应时，教育却常常陷入困境之中。

我国教育有好的传统，在基础知识、基本技能的训练上积累了比较完整的经验。但相比之下，我们对培养学生创造性思维却不那么重视。特别是受到"应试教育"的干扰，考什么教什么、教什么背什么的教育模式使传授知识和接受知识几乎成为学校教育的唯一目标。这使繁复的练习、盲目的抄写、无休止的记诵成为教师和学生奉如神明的教学方法。于是，每一个鲜活、灵动的大脑一旦接受过教育的加工，就犹如生产流水线上产出的思维标准件，整齐划一，中规中矩。课堂上双手背后坐得笔直的孩子们、繁难的课程、沉重的作业、严厉的老师、严格的考试构成了一幅中小学教育的图景。总体上，我国传统教育注重的是传授已有的知识，重点在于继承，与学生创新精神的培养和创造能力的提升相去甚远。

曾有人这样概括我国教育的弊端：小学教育是"听话教育"，中学教育是"分数教育"，大学教育是"知识教育"。这种说法虽然失之偏颇和尖刻，但从另外一个角度形象地概括了我国教育不注重创新能力培养的缺憾。在沉重的课业负担下，学生很少有自由支配的时间和空间，个性得不到充分发展，思维得不到应有的锻炼。这抑制了学生自己的主动思考，阻碍了学生主观能动性的发挥，扼杀了他们的探索精神和创新精神。

如果说传统的继承式教育在过去那个生产力发展缓慢、知识更新远未达到频繁的时代曾经起到过很好的文化传承、社会延续作用的话，对今天这个科技发展迅猛、新知识产出频繁、社会变革急剧的时代而言，它显然有着太多的不适应。这是一个全新的时代，人类历史的新纪元；这是一个竞争激烈的世纪，一切形式和内容的竞争说到底是国民创造力的竞争，是创造性人才的创造速度和创造效率的竞争。创新是生存于这个时代的人最不可缺少的精神和素质。创新的重要性已经被提到了关乎一个民族生死存亡的高度。不会创新就意味着不仅不能适应这个时代，还会被这个时代淘汰。世界各国都已经开始对本国创造性人才的培养给予前所未有的关注和重视。日本政府提出"创造力开发是通向 21 世纪的保证"，美国哈佛大学前校长普西认为"一个人是否具有创造力，是一流人才和三流人才的分水岭"。在这样一个时代，我们以往惯于维持和适应的教育已经到了不得不彻底改革的时刻。

创新精神、创新能力并非天赋神授、与生俱来。它来自哪里？一个必要的、先决的条件是肯定创造性思维的价值并使之进入教育关怀。创造性思维本身意味着创新，意味着不断地超越。**创新能力的培养首先意味着创造性思维的培养，而教育在创造性思维的培养和发展中起着无法替代的作用。**这也是教育在今天需要完成的最重要的任务。每个人身上其实都蕴藏着巨大的创造潜能，要把这种潜能充分挖掘出来，变成外显的、现实的创造力，必须通过接受科学合理的教育。

心理学研究表明，普通人所发挥出来的潜能只是他身上蕴藏的潜力的极小一部分。即使是爱因斯坦那样的创造天才，也只不过开发出了他脑力的一小部分，有专家认为，这一小部分不会超过 40%。大科学家尚且如此，普通人就更不用说了，多少有潜力、潜质的人由于各种各样的原因被埋没、被忽视。所以，美国心理学家、创造学家吉尔福特指出，我们多数人是创造性未得到发挥的人，而创造性得到充分发挥、发展的人只是极少数。这就给教育提出了一系列严肃的问题，即：如何找到一种有效的方法，使得具有创造性但未得到充分发挥的人，通过接受教育，将自身的创造潜能最大限度地发掘出来？如何进行科学合理的组织，使得教育成为提高人们创造性的最佳外部诱因？这是教育面临的重大挑战。

也只有教育才能承担得起这个使命。学校教育原本就负有受教育者思维能力培养的重任。因为要培养一个人成才，很重要的一个因素在于思维，在于科学的思维。思维作为一种能力和品质，作为人的智力的核心，是人的智慧的集中体现。正因为如此，中外教育家总是把对学生思维能力的培养作为学校教育的一项十分重要的任务。美国教育家赫钦斯说："教育不能复制学生毕业后所需的经验，它应当使学生致力于培养思维的正确性，作为达到实际的智慧即理智的行为的一种手段。"《教育——财富蕴藏其中》作为国际 21 世纪教育委员会向联合国教科文组织提交的报告，强调了"必须给教育确定新的目标，必须改变人们对教育作用的看法。扩大了的教育新概念应该使每一个人都发现、发挥和加强自己的创造潜力，也应有助于挖掘出隐藏在我们每个人身上的财富"。《学会生存：教育世界的今天和明天》也把教育的任务表述为："保持一个人的首创精神和创造力量而不放弃把他放在真实生活中的需要；传递文化而不用现成的模式去压抑他；鼓励他发挥他的天才、能力和个人的表达方式，而不助长他的个人主义；密切注意每一个人的独特性，而不忽视创造也是一种集体活动。"（联合国教科文组织国际教育发展委员会，1996）[188] 教育要解决的重要的问题就是如何培养和造就大批具备高创造力的人才，这就要求我们的教育必须把教会学生思维放在第一位，使得每一个受过教育的学生都能够自己发现问题，解决问题，做出科学决策，有所创新地工作。

受教育者通过接受教育真正学会了思维，无论对社会还是个人来说，其意义都是重大而深远的。

从宏观角度看，通过教育，培养出适应时代需要的、善于思维、懂得思考、具有创新精神和创新能力的高素质人才，是提高整个民族创新水平的关键。只有通过教育发展学生的思维能力，从而最终改变整个民族的思维方式，打破因循守旧的保守心理和恪守常规的落后观念，才能摆除愚昧、解放思想，提高整个民族的思维水平；只有培养学生勇于变革、锐意进取、不断创新的科学品质，培养他们接受新事物新理论，并推动新事物新理论不断向前发展的科学精神，才能使我们民族的起点更高，立意更新。

从微观角度看，通过接受教育，发展个体的思维品质和水平，使每一个人都成为创造的主体，都能够不断地从自己的创造性工作过程和成果中体验到生命的价值，体验到成功的感动，那么无论是对其内在潜力的进一步挖掘、创造活力的不断释放，还是对其人格的圆满、心性的提升，都大有裨益。

教会学生思维应当成为教育的一个重要而普遍的目标，它要面向全体受教育者，各级各类教育都应该以此为使命。让每一个学生学会思维，成为一个有思想的人，成为一个真正"受过教育的人"。

## 二、教育对人的思维方式形成具有重要影响

在沃顿商学院的一本教材中，有这样一则故事令人感受颇深。

### 午夜时分，你听到楼下公寓里传来很大的收音机声

上周，住在公寓里的一位安静的老人去世了，你已经开始考虑下一位房客的到来。你不知道谁会住进来，并且你刚刚从大学同学那里听到一些令人恐怖的故事。在公寓里，一个不好的邻居会给你的生活带来很多麻烦。现在你最担心的事情发生了。爵士乐不停地响着。你辗转反侧，看着挂钟。现在是午夜00：30，你决定再等一会儿。即使你的新邻居是一个性情古怪的人，你也不愿意第一次会面就吵架。1点了，收音机还在刺耳地叫着。他

们到底在举办一个什么样的聚会？你明天还要早点起床工作。什么样的人会这样无知？所以你想走下楼以平和的语气教导这个"白痴"。你使劲地敲着门，然后门摆动着开了。你很奇怪地发现，公寓里几乎是空的，没有任何新邻居搬入的迹象，屋里甚至连家具都没有。于是你走进去。在里屋，你发现一些衣服和油漆桶，一个咚咚作响的盒子连着墙上的电源插口。（温德 等，2005）

根本就没有什么邻居，只是一个粗心的油漆工白天离开时把收音机落下了。新的房客还没有来。你根据噪声凭空创造出来的无知邻居已经从你脑海中消失了，但是你感受到的愤怒和其他情感仍然真实存在着。让你平静下来再去睡觉非常困难，因为你还在生这个"邻居"的气，虽然只是一个在你头脑中存在的邻居。你创造了这个令人讨厌的角色来解释吵闹的音乐，它有了自己的生命。如果你没有下楼去敲门，那么你可能很多天都要带着这种幻觉过日子。

**你的心智模式塑造了你看待世界的方式。**它们有助于你快速地赋予外界的刺激以意义，但它们也能限制你认识真实世界的能力。它们一直伴随着你，就像你的邻居一样，可能对你有很大的帮助，也可能让你整宿无眠。

商学院的教材运用这个故事来论证人的心智模式如何塑造一个人对事物的理解和对世界的认识。的确，心智模式存在于每一个人的生活、学习、工作等方方面面，时刻产生着不容忽视的影响。因为，我们在生活、学习和工作中的任何思维和行动都来自我们对这个世界的认识，而心智模式正是决定着我们如何认识和定义外部世界的。也就是说，心智模式一方面塑造我们所能够看到的信息，决定我们如何理解这个世界，另一方面还塑造我们如何在其中采取行动。

然而，在这个故事中我们也看到，人们赖以理解生活、作用于外部世界的心智模式却有可能把人限制在某种固定的思维模式中，妨碍看到显而易见的正确答案，妨碍在面对问题时做出聪明的判断与智慧的结论。

心智模式引起我们反思的，是一个人思考问题、处理问题的方式，或者简单地我们称之为思维方式，以及不同的思维方式带给人的不同的影响。面对生活、学习或工作中的各种大大小小的事情和问题，每个人都自然而然地运用自己习以为常的思维方式去应对，做出各种各样的回应，给出相应的对策。偶尔，当发现别人对同一个事情或问题的处理方式和解决办法与自己迥然不同时，我们会惊讶于不同的人在想法与观念上的差异，会惊叹"啊，他居然是那样认为的！"，或者"天哪，我怎么没有想到这一点！"。但更多的时候，我们任由自我的惯常思维控制自己的心智，任由大脑对外界做出条件反射般的回应，并在此基础上习以为常地生活着、学习着、工作着。

心智模式也好，自我的惯常思维也罢，一个人思维方式的形成是多种因素共同影响的复杂结果。这些因素包括教育经历、训练和活动、他人的影响、个人的经验等。其中，教育经历对人的思维方式的影响尤其不容忽视。然而，教育恰恰在这一方面并未赢得社会的认可与信任。知识、技能的优越与人生智慧的某种缺失可谓今天的部分精英学子的素质特征。从这个意义上说，在反思他们身上表现出来的性格与行为缺失的同时，更有必要反思我们的教育。

## 三、考试成绩多大程度上代表思维水平

教育的最终目的，不是培养鹦鹉学舌的模仿者，而是培养能够独

立思考的创造者。学生的思维能力是通过各门课程的学习和整个教学过程逐步培养起来的，即思维能力的发展本是教学目标应有之义。然而，一些事实显示，我们的教育和教学非但没有承担起这个应负的责任，甚至相反，某些教育教学活动实际上成了学生思维能力的屠宰场，"在大批地屠杀天才"。学生思维能力的发展和培养应遵循的规律被置之度外，学生思维的发展几乎成为"教学的荒地"。**其根本原因在于，教学材料及其蕴含的知识被误解为目的本身，而发展人的思维的根本目的反而被不知不觉遗忘了。**

传统教学的痼疾，就在于教师过分看重知识的传递而轻视思维能力的培养，教师过多地控制了学生的思维而剥夺了学生自由发展的精神空间。这种状况早被杜威在20世纪初言中。"学校中过分重视学生积累和获得知识资料，以便在课堂问答和考试时照搬。知识作为一种资料，意思就是进一步探究的资本，必不可少的资源。知识常被视为目的本身。于是，学生的目标就是堆积知识，需要时炫耀一番。这种静止的、冷藏库式的知识理想有碍教育的发展。这种理想不仅放过思维的机会不加利用，而且扼杀思维的能力。在乱糟糟地堆满废弃破烂的场地上，没有人能够建造房屋。学生脑子里装满了各色各样从来不用的材料，当他们想要思考时，必然受到阻碍。他们没有做过选择适当材料的练习，也没有标准可以遵循；每样东西都处在同一个呆板、静止的水平上。"（杜威，1990）[168]而且传统的教学所遵循的逻辑顺序往往是一些"适合成年人的思维形式"，将知识"剁碎"，一次让儿童学习一块。这样做的潜台词是，"当儿童得到了所有单独的碎块以后，他就会有了整体"。可事实上这是荒谬的。当知识被分割得支离破碎之后，学生所能做的就只剩下记住公式了。如此，"儿童的经验这时就不是真正的经验了，而仅仅是努力记住对别人经验结果的叙述。在这种条件下，思维，真正的思维，发现与探索的思维，就受到了限制"（克伯屈，1991）[264-265]。

在一些看重"知识传授"的学者们看来，传递文化知识是整个人类文化延续的需要，因此，学校应该做的最重要的事情就是把对所有人来说有用的主要概念和知识传授给他们。伴随着知识和信息的爆炸，这种"知识本位"所产生的结果是：学校不得不一再扩展学科科目所能够覆盖的广度，加深其深度；教师的教学行为不得不一再受到课程大纲、课本修订和考试计划的影响；家长和行政领导判断学校和教师的标准是，看他们是不是能够更迅速、更及时地传授更多的知识。在教师看来，他们的教学涉及和覆盖的内容越多，教学就越有成效。与此相应，学生在课程学习中，知识掌握得越多，进步越明显，教学就越有成效。因此，所谓富有成效的教学，常常被误解为有着最大"知识覆盖面"的教学。知识的目的原本是解决人的生活问题，知识至多不过是"问题解决"的工具。现在几乎颠倒过来，"问题解决"在教育中并没有受到应有的重视，知识的权力无止境地膨胀，知识取代"问题解决"而荣升为目的本身。知识由工具转化为目的，进一步经考试而得到强化和"合法化"。于是，在学校中，那些在语文、数学等学科上取得了优异成绩的学生往往被认为是聪明的孩子，也被视为是有培养和发展前途的对象。与此相对，那些在学校期间学业平平，但在人际交往与合作、组织领导与管理等方面表现突出的儿童却常常被忽视。

然而，在学校考试中名列前茅的儿童在日后走上工作岗位，在其事业发展中可能并没有什么惊人的表现；相反，在那些当时不为教师所重视的儿童中却不乏事业成功者和开拓型人才。就是在学校期间，也经常有这样的现象：有的学生学业成绩并不是很突出，但能够很出色地胜任班干部的工作，在同学中有很强的号召力，表现出组织和领导力方面的非凡才能；有的学习成绩并非领先的学生，却能够经常开动脑子，不断有新颖独特有创意的小发明、小制作、金点子产生；还有的学习成绩不怎么样的学生在处理实际问题时常常表现出果断、有主见等品质。不管产生这种情况的原因是什么，这些现象有力地表明了思维能力与学习成绩之间并不必然地具有正相关关系。

考试成绩在多大程度上代表一个学生的实际思维水平，这的确是很令人怀疑的。不少考试实质上已经成为某种"记忆"游戏，很多试卷实际检验到的，不是别的什么东西，也没有更多的东西，只是考生的记忆力而已。检测记忆力的考试给教育带来的一个直接后果是，整个教育方式都是记诵式的：一种灌输式的、死记硬背的、对心智的开启和思维能力的培养并没有太大意义的方式。在这样的教育中，记忆力强且善于考试的学生，一般都能够取得较高的学习成绩，也一般被认为是好学生。相反，那些思维活跃、富有才华、有个人见解和思想，又不满足于记诵书本现成知识和答案的学生，反而考不出理想的成绩。原因很简单，应试教育的考试方式关怀的终极目标是考试本身，而不是教育、培养、选拔出真正的人才。有思想、有才能的学生却因为不能适应"记忆力"游戏的要求，而往往被无情地排除在制度化的学校教育体系之外。现在，该是重视学生思维发展的时候了。

## 四、知识与思维之间究竟是怎样的关系

事实上，关于思维训练问题在教育史中早已引起关注。最极端者甚至将思维训练作为教学的唯一目的，形成所谓形式教育（或形式训练）一派。形式教育作为一种教育理论，渊源于古希腊和古罗马（代表人物如柏拉图、昆体良），形成于17世纪（代表人物如洛克），在

18、19 世纪（代表人物如裴斯泰洛齐）已经开始盛行。作为一种理论，有人认为形式教育在 20 世纪初已经没落（瞿葆奎 等，1988）。

形式教育坚持教育应以训练官能、发展能力为主要任务，并据此设置课程和选择教材。这种思想起源于古希腊、古罗马时期的一些哲人。如智者派的主要代表人物普罗泰戈拉认为，教育的目的是使受教育者学到处理"私人事务及公共事务中的智慧。他们学到把自己的家庭处理得井井有条，能够在国家事务方面作最好的发言与活动"（北京大学哲学系外国哲学史教研室，1957）。在这里，没有哪一门学科知识是智者派特别强调的，他们强调的只是处理事务和解决问题的"智慧"。普罗泰戈拉所宣称的智者，就是教人以智慧的教师。

柏拉图认为每个人心灵里都有一种官能，当它被蒙蔽或毁坏后，可以用算术、几何学、天文学、音乐等学习来澄清或重新点燃它。按照柏拉图的意见，全部教育思想体系的最终归宿是培养"哲学王"，也就是国家的最高统治者。所以，教育的目标在于追求"政治权利与聪明才智合而为一"（柏拉图，1986）。

古罗马的昆体良尤其强调教育对于雄辩家的培养。他认为教学不在于使学生掌握关于事物的知识，而在于"能力""口才"和"形式"的训练。为了达到培养雄辩家的目的，昆体良特别重视文法学校中开设的"文法"这门课程。他指出，学习文法，"有助于使孩子的智力变得敏锐，而且也为运用最渊博的知识和学问开辟了前景"（昆体良，1989）。

从教育内容来看，无论是智者派所创立的包含辩证法、修辞学和文法在内的"三艺"，还是柏拉图所提出的以算术、几何、天文、音乐四门课程为主的"四艺"，以及后来中世纪初期所形成的"七艺"，这些课程有一个共同之处，就是开设的目的并非在于课程内容本身，而是都指向于以这些课程作为途径和手段，经由这些课程的学习和训练，达到受教育者智慧即思维和智力的真正发展。

形式教育的理论以官能心理学为理论基础，认为心灵是由各种官能构成的，它们通过一定的材料分别加以训练，而后得以增强，并能迁移到其他学习中。传授知识的价值不在于其实用，而在于其训练的作用。从 17 世纪到 19 世纪前期，西方学校一直把古典语言、数学作为训练心灵最好的学科。直到 20 世纪初，随着实验心理学的兴起，心理学理论研究和教育实践证明一切学科都有锻炼心智的作用，人们才开始意识到不能只重视教材形式的作用而忽视其内容价值。

与形式教育相对，实质教育（或实质训练）主张教育应以获得有实用价值的知识为主要任务，并据此设置课程、选择教材。从 17 世纪初培根振聋发聩地提出闪烁着智慧光芒的名言"知识就是力量"之时起，科学知识就成为人们最高的崇拜。随后，捷克教育家夸美纽斯提出泛智教育思想，提倡实施一种"周全的教育"，让学生学习那些对人类来说所必需的一切知识，从而使得"人们受了教育就可以认识真理，学到智慧，并且学会把知识正确地运用于一定的目标上，从而消灭社会关系中的一切不正常的现象"（凯洛夫，1991）[190]，知识的重要性更是受到人们越来越多的关注。特别是到了 18、19 世纪以后，由于社会进步和工业化的发展，尤其是自然科学领域划时代的能量守恒和转化定律、细胞学说、进化论三大发现，人们认识到仅仅强调发展学生思维能力而不重视授以有用知识的形式教育不能适应客观的需要。欧洲开始出现教授自然科学的学校。19 世纪英国科学家赫胥黎主张将自然科学列入学校课程，强调用科学知识来改造传统的拉丁文和希腊文占统治地位的学校课程。同时，英国思想家斯宾塞发表《什么知识最有价值》一文，主张制定以科学知识为核心的课程体系，开始形成实质教育派理论。

这种理论是以联想主义为其心理学基础的，认为人的心灵在出生时一无所有，建设它的原料是作为经验产物的各种观念。教育的任务在于向学生提示反映外界事物的内容，以产生观念，充实心灵。因此，应重视课程、教材的具体内容及其实用价值，而不应强调它们的思维训练作用，并认为凡在指导行为方面最有价值的知识，必有一种心理训练的作用。他们维护实验教育的方向，认为教育的效果就表现于学生掌握实用科学知识的数量及其能否为将来从事工商等职业活动做好准备。

无论是形式教育还是实质教育，在当前的教育领域基本上不复存在，但形式教育与实质教育的探索为后来的教育留下了重要的启示。从某种意义上说，当前教育领域一直令人牵挂的知识与能力、知识与思维、知识传授与思维发展之间的论争，几乎可以视为教育史上形式教育与实质教育论战的回音。在讨论知识与思维的关系问题时，人们总是不由自主地回顾形式教育与实质教育的历史争论。

但在这个问题上，教育研究领域一直有一种"复杂"的心态：人们谁也不否认教育应该传授给学生实用的、有意义的知识，比如在计算机与古希腊逻辑学之间，或者在现代美国英语与古希腊语之间，人们似乎更重视前者而忽视后者，理由是前者实用而后者离生活较远。就此而言，某种意义上的实质教育乃教育理所当然的使命。但同时，教育的基本任务之一，在于发展学生的智力，使学生学会思维，因而形式教育具有合理的价值。

走出形式教育与实质教育之争，似乎不在于采取"非此即彼"的办法，也不一定在于像德国学者第斯多惠所设计的那样在小学以形式教育为主，在中学"逐步提出实质教育"。简单的非此即彼或直线式的加法处理，可能都无法超越形式教育与实质教育的局限而兼收并蓄二者的合理精神。

我们认为，在知识与思维之间，知识本身并无价值，知识的价值存在于"解决问题"的过程中，而当知识用来解决问题时，知识将发挥它的思维训练价值。这样理解知识与思维之间的关系时，它似乎更接近形式教育的意见，但我们更愿意将它视为对形式教育的某种超越。

我们坚信，任何知识只有在解决问题的过程中才发挥它的价值。我们宁可将知识视为解决问题、发展思维的材料，而不将知识视为目的本身。尤其面对一个弘扬创新精神的时代，我们的教育目标已经定位于培养"具有创新精神和实践能力"的人。而在这样一个时代，一个不会思维的人，一个不具备经由个人创造性思维解决问题的能力的人，纵然学富五车、精通"百科全书"，也并非这个时代所需要的人才。所以，强调知识和思维作为教育应该兼顾的两个维度和层面，以适当的知识积累为基础，在与知识打交道的过程中发展学生的思维能力，应当成为当前教育改革理念的必然选择。

## 五、不会思维则不可能构建完善人格

除了对知识有一个合理的态度，同时还应该关注学生的人格构建。也就是说，教学虽然与"知识"问题密切相关，虽然负载了传递基础知识和训练基本技能的任务，但教学的根本目的并不在于所谓的"双基训练"，而在于引导学生在"使用"知识、"欣赏"知识、与知识"打交道"的过程中发展思维能力。

按照杜威的意见，对学校来说，它所能做的或需要做的一切，就是培养学生思维的能力。因此，在学校的各项工作中，"持久的改进教学方法和学习方法的唯一直接途径，在于把注意力集中在要求思维、促进思维和检验思维的种种条件上"（杜威，1977）[181]。过去的教学习惯于让学生不容置疑地跟从教师的思路获得规定的标准答案，于是"学生的脑子习惯了只是在别人的脑子走过的路上活动"（斯卡特金，1982）[50]，根本谈不上思维能力的培养和发展。当下教学的使命，是恢复被遗忘了的教学价值，在传递基础知识和训练学生的基本技能的同时，关注学生的"发展性学力"与"创造性学力"，重视对学生基本能力与基本态度的教育（吕达 等，2000），使学生为发展思维而学，教师为发展思维而教。

在传统教学中，与忽视学生思维发展相并行的另一个严重问题是学生的人格被忽视，人的价值和人的地位不受重视。学生常常被当作被动接受知识的容器，总是被要求只能做和不许做什么样的事情，无条件地执行教师的指令，而受到教师喜欢的往往也只是那种循规蹈矩、听话顺从的孩子。教师对学生进行教育的手段离不开批评、呵斥、指责、嘲讽甚至辱骂、体罚和变相体罚，教师和学生之间存在着严重的不平等现象。教学面向的是大多数学生，强求一律，单调、僵化，较少顾及学生之间的差异性。教师对学生原有的基础和发展水平的差异也视而不见，学生"天资的不同水平，被淹没在泥浆之中"（斯卡特金，1982）[50]。学生个人的兴趣、爱好不但得不到充分发挥，反而被统一的要求扼杀。学生在划一的教育要求下不得不被同化，最终集体趋同。在一个缺乏自主性和独立人格关怀的教学中，学生的思维发展就失去了可靠的根基。

　　所以，在谈论发展学生的思维时，除了需要对知识保持合理的态度之外，教学理所当然地还应当关注学生的人格发展。因为，"通过接受教育从而获得反思和辩驳能力，而这种能力也是具有高尚人生境界的一种标记。无知之人对真理狂吠不止时，哪怕他是皇帝，我们都可以对其嗤之以鼻，而将其看作未受过教育启蒙、灵魂干瘪苍白的粗鄙之人"（雅斯贝尔斯，1991）[19]。对此，世界各国在自己的教育改革中都已经有所体现。如瑞典教育家胡森这样说："学校教育旨在达到的目标在所有国家的教育中，都是从性格形成和个性发展这个角度来表述的。人们期望学校给予带来的变化，不仅仅局限在认知领域。"（胡森，1987）也就是说，教育对人的培养，并不仅仅着眼于学生的学习活动及其结果，更重要的是指向学生作为主体的人格特质，这也正是当前世界范围内教育发展的一个基本趋势。我国也有学者极力提倡"'全人格'的教育"，"全人格教育的要义就是：教育通过知识培养人的认识能力，然后转识成智，开发人的思维能力，形成创造性，最后化智成德，养成德性，使受教育者成为具有全人格的人"（邓志伟，2000）[75,82]。总之，教育必须注重对学生的人格的培养，离开了人格的塑造和培养，受教育者的成长和发展是不完整、不充分的。而一个具有健全人格的人，一定首先是一个会思维的人。不会思维，则不可能构建完善高尚的人格。

　　独立的思维能力与独立的人格一起构成了人之为人的根本。而人的生命质量的提升，人生价值的体现，更加需要人格的生成和完善。一个具有创新精神的人，一个为人类发展和社会进步做出创造性贡献的人，首先是一个人格完善的人。因为，"创造性首先强调的是人格，而不是其成就，认为这些成就是人格放射出来的副现象，因此对人格来说，成就是第二位的。自我实现的创造性强调的是性格上的品质，如大胆、勇敢、自由、自主性、明晰、整合、自我认可，即一切能够造成这种普遍化的自我实现创造性的东西，或者说是强调创造性的态度、创造性的人"（马斯洛，1987）。

没有独立的人格，也就失去了人之为人的根本特性，更谈不上成为一个受过教育的完善的人。"人格作为主体性的体现，早已被认为是同创作、精神修养和克服时间地点的限制分不开的，而无人格则总是同消极被动、不自由、心胸狭隘和没有尊严联系在一起。"（科恩，1986）人的发展是一个由他律走向自律，即依赖性逐渐减弱、自主性日益彰显，对外界现实的自由度不断扩大的过程。教育只有在尊重、培养学生的独立人格的基础上，唤醒、激发起学生的自主性，致力于培养学生的主体能力和主体人格，才会使学生由自在的主体转变为自主的主体，从而以积极的态度参与到自身的发展与建构中来，其创造性潜能的充分挖掘和发挥才会成为可能。因此，独立人格的塑造是教育的重要内容。正是由于这种认识，世界各国在确立本国的教育发展战略和教育目标时，都把培养人的独立人格放在了突出的位置。

有人认为独立的人格是独立思维的基础，也有人反过来说独立思维是独立人格的前提。实际上，人格与思维是互构互动的关系，人格与思维互为原因和结果，相互推动。学生思维水平的发展有赖于人格上的资助，学生独立人格的构建也有赖于一定的思维发展水平。限于篇幅，本书主要从知识与思维的关系问题切入主题，但始终以"人格与思维的互构关系"作为隐含的前提性假设。

## 六、教育应指向人的智慧生成

当苏格拉底在 2000 多年前大声疾呼"知识即美德"，当培根因"知识就是力量"闻名于世的时候，他们的内心所真正期待的，是用知识来武装世人的头脑，用知识来点亮每个人的人生。但现实的发展有些出乎他们的意料，知识没有自然而然地成为美德，仅有知识也不一定能够必然获取力量。相反，知识的急速增长和扩张有时反而成为人类的一种缚累。当今教育最为深刻的危机之一，就在于知识占据了至关重要的地位，培养和塑造掌握尽可能多的知识的"知识人"成为根深蒂固的教育理念，始终指导和制约着教育的实践。"塑造'知识人'的教育认为：知识可以解决一切问题，整个世界都被概念、逻辑所支配。所以学校教育的目的在于为受教育者构建一个丰富的知识世界，学生的目的在于追逐和获取知识。"（邓刚 等，2006）[63-64]

在以知识为目的的教育体系中，受教育者被当作没有主体意识的知识容器，被动地接受来自外界各种知识内容的灌输、挤压和充塞。一切教育活动都围绕知识而开展，也都以知识为最高的标准。教师为传递知识而教，学生为接受知识而学。学习的过程则呈现为知识不断被复制、转述、接受、记忆的过程，"灌输—接受"成为基本的模式，注入式的讲授和被动的静听成为主要的方法；知识的多寡和准确程度成为教学效果的评价标准。久而久之，学生的发展仅仅局限于那些来自书本记载和教师传授的、静态的、与生活毫不相干、考完即忘、不能解决任何问题的知识量的增加，每个知识点和知识块之间也难以发生联系、建立结构，更谈不上成为学生人格完善与潜能开发的动力。

然而，随着人类知识数量和信息总量以突飞猛进的速率增长，浩如烟海的知识海洋使得人类总想尽可能多地获取和掌握知识的传统梦想变得幼稚可笑。因为，人类接受和掌握知识的速度与知识本身更新和增长的速度相比较，无论如何都是难以企及的。从这个意义上说，真正重要的不是知识数量的多少，而在于能否找到有用的知识，是否善于运用知识。就发现知识和运用知识的能力而言，它已经走出了知识的数量的标准，转化为对人的思维的要求与智慧的审视。

唯有当知识被用来开启心智，知识被用于解决实践问题的时候，知识才真正找到了通向美德的通途，才能够转化成人生智慧的力量。而当知识仍然充塞着教育的全部，占据着教育的中心之时，智慧便只能被驱赶或冷落在边缘，或许偶尔成为教育者口中的目标与心中的梦想，却无法通过实践内化到受教育者的生命之中，成为每个人的生命内涵。于是，越来越多的人被书本和考试围困在了获取知识的狭窄空间中，任凭知识填满了头脑，灌注了身心，却最终难以成为有智慧的人。

何谓有智慧的人？智慧是一个内涵极为丰富的概念。自从有了人类的文明，就有了对智慧的向往和追求。早在古希腊时期，哲学家们就对智慧有了充分的思考和探讨。赫拉克利特认为智慧存在于对基本定则的掌握之中，而这个定则又适用于一切事物。"这个定则就是对立面的和谐，虽然它无处不在，人们却未能认识到它。"（罗素，1997）[40] "我所谈到的定则，人们或许听说过，或许没有，但他们都未能掌握。因为，虽然万物皆据此而产生，但人们从未有过体验。即使当他们去感受我所解释的这些言辞和行为时，即使当我分门别类地将每一事物区分开，并剖析其中缘由时，他们也不甚了了。"（罗素，1997）[40] 罗素还认为，如果我们认识不到这个定则，那么任何学习将变得毫无用处。因为"学习了许多事物并不等于学会了理解许多事物"（罗素，1997）[40]。在罗素看来，智慧需要通过抓住事物的基本原则来获取。

在赫拉克利特之后，不同时代的哲学家、思想家和智者们都对智慧进行了沉思和追索。在当前，比较多的学者倾向于采用一种简明的观点，认为智慧是以知识为基础的对世界和人生的一种理解和态度。

智慧一方面可以用语言表达，另一方面更要体现为行为方式和为人处世的态度。"智慧是人们获取、应用、创造知识，以及在实践中创造性解决问题的能力、方法、谋略和思维方式。智慧建立于知识基础之上，是理论与实践的综合，理性、情感、意志的综合。在教育中，每一个人皆有智慧的潜质，通过知识的获取、思维的训练、实践的锻炼、教育的启发，人人都能发展智慧。"（邓刚 等，2006）[65] 正是由于智慧的发生和存在，人类超越了动物，超越了自我的本能，成为具有理性和思维、能够思考和创造的文明人。

那么，教育如何成为充满智慧的活动？本书试图围绕观念与行为、理论与实践，从课程与课堂、教师与学生等不同的维度，做一些探索与思考。

# 第一章 我们怎样思维

观念决定行为，思维影响人生。同样一件事情，我们怎样思考，决定着我们能够成为什么样的人。

斯坦福大学行为心理学教授卡罗尔·德韦克将人的思维方式区别为"固定型思维"和"成长型思维"。在固定型思维模式之下，一个人常常认为事物是一成不变的，人也是很难改变的。他们总是静态地、片面地去看待一个人或一件事，更习惯于去寻找消极的因素，对世界的认识也总是偏于消极。不相信人会改变，在面对别人的缺点与不足时，更多是打击与否定。惧怕犯错，不愿接受挑战，认为人的能力与生俱来，即使努力也不会有大的提高。而在成长型思维模式之下，一个人看待世界的方式往往非常灵活，他们相信世界上的所有事情都是在改变着的，世上的每一个人也都在不断地成长与进步。他们更愿意看到别人身上的优点和潜力，拥有积极的人生观，能包容自己的缺点，喜欢自己的个性，也能欣赏他人的优点，包容他人的个性。他们能够在面对自己时更加自信从容，在面对他人时更加宽容大度。他们相信努力和挫折可以不断提高自身的能力，每一次挑战都是让自己变得更强大的机会。（欧文，2018）[2]而无论是成长型思维还是固定型思维，都是我们自己做出的选择，都是成长过程中所接受的各种教育给予我们的影响。

## 第一节　人之所以为人，是因为人能思维

人类被称为万物之灵。但作为万物之灵的人类，实际上在很多方面的能力和表现甚至无法与其他动物相提并论。比如，人类在力量上不及牛和马，在速度上不如豹和狼，在听觉和嗅觉方面比不上猫和狗。人类的进化并不完美，作为纯粹的生物体，人类很难与地球上生存着的其他生物相匹敌或竞争。但是在漫漫历史长河中，人类却是万物的主宰。

人类之所以能够成为地球上的统治者，最根本的原因就在于人类的大脑这一高度特殊化的复杂器官，以及基于脑的工作而产生的思想、精神、智慧，使得人类拥有了认识世界、改造世界的才智和本领。

自从普罗泰戈拉声言"人是万物的尺度"，"人的问题"就逐步取代"宇宙的起源""世界的本源"而进入哲学家关注的视野。到苏格拉底那里，则进一步明确提出"认识你自己"。于是，人在何种意义上可以称为人，人在世界中如何成为一个真正的人，成为哲学中的一个难题，它和"存在与思维的关系"问题一起成为哲学领域中长期被讨论的两个基本主题。

在苏格拉底看来，人之所以为人，不仅仅因为他有感觉和欲望、情欲等，更重要的在于人有灵魂、有思想。简言之，人之所以为人，

是因为人能思维。如果人只是作为一个感性的存在，仅仅凭感觉来行动，那么人就与其他动物一样，以自身的盲目的自然力影响自然，只是自然过程的一部分。但是，人除了有感觉之外，还有思想，有思维能力；人不仅能直接感受外界自然，而且能通过思维理解自然，能够认识和掌握自然的规律，认识宇宙的普遍，认识社会中的普遍。因此，要真正认识一个人，必须把人当作有思想、有理性的动物看待。由此，苏格拉底把"自我""自我意识"提到了哲学首要地位的高度。他所说的"没有反思的人生是没有价值的人生"一语，几乎道出了哲学的根本使命：那就是孜孜不倦地追问探索人生的意义即对智慧的热爱和追求，爱智慧甚于爱一切，包括甚于爱生命。在苏格拉底这里，人的精神的力量、人的主动性第一次被发现了，他第一次提出要把人看作能动的主体。更为重要的是，他肯定了人的理性、心灵的重要地位，把心灵、理性看作人之所以为人的根据，是人的本质所在。人作为人的首要一点在于，他必须凭着心灵、凭着理智去行动。

柏拉图把精神当作世界的本质，把哲学进一步导向理性世界。他继承苏格拉底的爱智慧的思想，并把爱智慧集中在永无止境的哲学探究上。在柏拉图看来，宇宙归根结底是一个理性的宇宙，一个精神体系。感官对象即我们周围的物质现象，不过是永恒不变的理念的流动的影子，既不能持久，也没有价值。只有理性才是真实的，具有绝对的价值，是至善。柏拉图认为，肉体和感官不是真正的部分，最终的理想是要培育理性即灵魂不死的一面。在他看来，灵魂兼有理性、意志和欲望三个部分。理性的部分主管人的聪明程度，因为它着眼于整

个灵魂而进行预想，基本职能是"发号施令"。这就是说，思维能力和认识理念的能力是心灵原本就具有的能力。但人要认识世界，只凭感觉是不行的，因为感觉不是知识，只凭感觉也得不到知识。心灵必须通过理性，运用思维，以思维为工具，才能在认识过程中获得真知。而教育的作用就是要使心灵排除外部世界纷纭莫测的干扰，使心灵超越感性事物，转向善，转向真理，去认识理念世界。

作为柏拉图的学生，亚里士多德本着"吾爱吾师，吾更爱真理"的精神对柏拉图的一些基本理念既有继承又做了大量的修改。他在其老师柏拉图的基础上，使逻辑学更为详细完善，成为一门专门的学科。亚里士多德之所以对逻辑学极为重视，是因为他将逻辑学视为一种获得真正知识的重要工具，逻辑学的职能就在于论述取得知识的方法。世界不是由感官所知觉的，知识需要依靠思维来寻求。逻辑学由此成为一种关于正确思维的科学。亚里士多德认为，思维就是推理的或科学的论证。推论由判断组成，判断由表述于项中的概念构成。亚里士多德不仅讨论了判断的性质和种类、它们彼此之间不同的关系以及各种论证，还为这一过程制定了精确的定义和分类。这些理论直到今天还完好地出现在我们的逻辑学教科书中。亚里士多德还特别重视三段论的论证方式，这种演绎的或三段论式的逻辑是一切思维运动的基本形式。在他看来，所有有确切根据的或科学的论证永远采取三段论式的形式。这是追求真理的方法的最有效逻辑。

在经院哲学所研究的问题当中，"信仰贯穿始终，神学是一切知识的王冠，是至高无上的科学"。"教会作为上帝在人间统治的代理人和天启真理的泉源，变成教育的监护人、道德的检察官、文化和精神事务的最高法庭；它的确是文明的机构，天堂门户的掌管者。"（梯利 等，1995）[174] 由此，教会直接从上帝那里接受真理，人们便再无探询真理的必要，哲学除了为神学做婢女之外，没有别的什么用处。由于经院哲学的空疏和荒唐，中世纪常常被视为人类文明史上的黑暗和蒙昧时期。然而即使如此，经院哲学从某种意义上仍然表现出其自由探索和独立思考的精神。"经院哲学本身之所以已经产生，是由于人们渴望在理论上有参悟的能力，希望了解和寻求它所信仰的理由。这反映同样的思索和探究的精神，这种精神曾使人在希腊思想的黄金时期建立起伟大的形而上学体系。"（梯利 等，1995）[222] 也就是说，在经院哲学所圈定的界限之内，仍然给人类理性思维以自由活动的余地。甚至在很多经院哲学家的思想当中，常常可以看到"智力上的好奇"和"自由思想的倾向"。尽管他们考虑的问题在今天看来毫无意义，甚至无聊、荒唐、愚蠢，但至少应该肯定的是，他们进行过非常认真的思维和头脑的探索活动。

文艺复兴以后，人类社会迎来了一个理性和启蒙的时代。科学和哲学取代了神学，理性重新成为科学和哲学的权威。从 18 世纪后期开始，德国人的精神生活产生了一种深刻的变化，以具有强烈思辨色彩的古典哲学运动和文学上的狂飙突进为标志的独立化、自由化运动成为德意志文化的主流，并影响了整个西方世界的文明进程。康德、费希特和黑格尔构成了这个时代的象征。从这个时期往后，被认为是一个自由和独立思考时代的到来，人类理性一度在理想和行动的领域得到极大的伸张。

康德对人类理性做了缜密的审查和深刻的评判。康德认为，知识总是要表现为或肯定或否定的判断，但并不是所有的判断都是知识。仅仅知觉时空中的对象而没有对象间的关系或联系不能产生知识。对此，有一个非常恰当的例子。"仅仅有关于太阳的知觉，随后有关于热石头的知觉，这和认识到太阳晒热了石头不同。只有在思想上以某种方式把这两种经验联系起来，才能构成太阳是石头发热的原因的判断。"（梯利 等，1995）[403] 因此，"必须对对象加以联系、联结、思考或思维。没有一综合的、能思维的心灵即知性或理智，知识或判断是不可能的"（梯利 等，1995）[403]。康德已经认识到，无论是没有感性直观还是没有理智思维，都不可能产生普遍的必然的知识，即真知。思维不仅需要有来自知觉的感受性，更重要的是，它还具有自身的能动性和自发性。另外，同亚里士多德一样，康德也把对思维的考察归于逻辑。因为思维实质上就是判断，因此，人思考的方式就是他做出判断的方式。要认识思维就需要通过发现判断的方式，而这正是逻辑的使命。

比康德稍后的黑格尔则指出，为了探索事物的性质、缘由和根据，发现事物的存在基础、本质或目的，靠天才的艺术直觉或某种神秘的方式是不可能实现的。只有一个有效的方法，那就是严格的思维。黑格尔把经由康德揭示，又被费希特和谢林所运用的思维由简单抽象概念到复杂丰富概念，直至总念（notion）的运动，提升到了辩证方法的高度。思维的辩证运动指的是思维在逻辑上的自我展开。它是一个过程，在那里，差异和区别、矛盾和对立不仅被识别，而且被消融和保存下来。要成为思想家，就需要让个体的思维在这样的逻辑进程中发展，因为，这是事物所固有的发展的重演，只有这样，人才能自由、自主地思维他的思想。

# 第二节 如何发展人的思维

思维与存在的关系作为哲学的基本问题之一，关注两个方面的问题。第一，在思维和存在之间，什么是第一性的，什么是第二性的，思维和存在有没有同一性。第二，思维是怎样有效地反映存在的，人在认识存在时一般要经历哪些思维过程。前者构成哲学中的本体论，后者成为认识论讨论的主题。

在认识论视野中，人们将思维作为人类认识过程的高级阶段——理性认识，或者说理性认识的"过程"，研究思维与感性认识、社会实践的关系。正是在认识论的哲学关怀中，对思维与实践关系问题的讨论带出了"如何获得正确的认识"以及"如何发展人的思维"的主题。心理学、思维科学、逻辑学以及脑科学等学科对这些主题给予了不同方式的关注。

认识论直接推动了心理学有关思维问题的研究。在心理学作为一门独立的学科从哲学中分离出来之前，思维的研究主要是包含在哲学研究的范畴中进行的。但是，哲学对思维的研究只是以一定的世界观为依据，为人们从根本规定上把握思维提供一个总体的指导。它为思维的科学研究构建了一个世界观框架，为有关思维的科学知识提供了一个总的知识坐标体系。但哲学没有研究思维的具体过程，因而不能代替其他具体学科对思维的研究。

　　心理学研究思维，是把思维当作一种心理活动的自然过程来看待，着重揭示思维在个体身上的发生、思维在人的各个不同生理发展阶段的发展变化特征和规律等。它要回答的主要问题是：人是怎样思维的？如果按照逻辑学的理解，思维就是运用概念进行判断推理的过程，而心理学主要研究的不是概念、判断、推理的内容，也不是正确的概念、判断、推理应遵循哪些规律，而是着重研究概念是怎样形成的、人是怎样掌握概念的、人是怎样做出判断的、人是如何进行推理的、人是怎样解决问题的等。

　　从这些视角出发，有人将思维理解为："客观事物的间接和概括的反映。它是以感觉、知觉和表象为基础的一种高级的认识过程。客观事物直接作用于人的感觉器官，产生感觉和知觉。它们以感性形象反映事物的个别属性或个别事物，使人把握各种现象和事物的外部联系。思维则运用分析、综合、抽象、概括等各种智力操作对感觉信息进行加工。以储存于记忆中的知识为媒介，反映事物的本质和内部联系。"（荆其诚，1991）[461] 或者说，"思维，是人脑对客观事物的一种概括的、间接的反映，是对客观事物的本质和规律的反映，换句话说，它是人脑对客观事物的本质和事物内在的规律性关系的概括与间接的反映"（朱智贤 等，1986）[7]。总之，不同理论派别的心理学家都对思维进行了大量仔细的研究，使得人们对思维的认识逐步清晰和具体化。

　　逻辑学从哲学中分化出来之后踏上了一条与心理学研究不同的道路，成为专门研究人的思维形式及规律，为人们提供认识事物、论证思想的工具的一门学科。康德第一次明确提出了逻辑是研究思维形式的科学。康德把亚里士多德创立的逻辑称为普通逻辑或形式逻辑。这种逻辑"抽去一切悟性知识之内容及一切对象中所有之差别，而只论究思维之纯然方式"（康德，1957）。康德并不仅仅满足于形式逻辑，又提出了他所谓的先验逻辑。先验逻辑主要研究的是人主观的、先天固有的、同经验及外界对象无关的思维形式，是说明人认识的起源、范围和客观意义的科学，实质上就是认识论。在恩格斯那里，逻辑被直接理解为一种关于思维的科学。

20世纪以后，逻辑科学得到了分门别类的发展，并在一些基本问题上取得共识，比如都承认逻辑与思维密切相关，是思维的构成成分，逻辑是思维中的规律、方法和形式。逻辑学揭示思维的形式和规律，以研究思维的正确性。逻辑学所研究的思维形式和规律，包括概念、判断和推理，即逻辑学主要是从运用概念进行判断和推理的意义来理解思维。逻辑学包括形式逻辑和辩证逻辑，形式逻辑主要研究思维的形式结构及其规律，辩证逻辑则着重研究思维的矛盾运动及其规律。

逻辑学比之哲学对思维的研究，对象范围缩小了，研究更加深入了。逻辑学对思维形式和规律的研究，既具有认识方法的作用，又具有论证方法的作用。但逻辑学研究思维，局限于抽象的、思维形式的研究，基本上没有考虑具体的活生生的思维过程，也没有研究和解决思维的具体问题。

心理学和逻辑学对思维问题的研究直接推动了"思维科学"的产生。1984年以来，我国学者钱学森倡导成立和自然科学、社会科学等并列的专门的思维科学，专门把人的思维问题作为研究的对象，对包括抽象（逻辑）思维、形象（直感）思维和灵感（顿悟）思维在内的人类整个有意识的思维活动进行研究。钱学森将思维科学分为基础科学、技术科学和工程技术三个研究层次，并将思维科学的基础科学称为思维学，专门研究有意识思维的规律。思维科学也只研究思维的规律和方法，并不研究思维的内容。

与心理学和逻辑学相比，脑科学对思维问题的关注显得更朴实而谦逊，它将研究的范围主要限定在思维活动的生理机制上，研究思维活动的脑生理、化学、电的变化规律，旨在为思维问题的研究提供来自生理机制的解释。现代脑科学研究取得的成果已经表明，人脑左右两半球各有不同的功能。左半球是语言中枢，主管语言和抽象思维；右半球则主管音乐、绘画等形象思维材料的综合活动。美国脑神经专家斯佩里教授正是凭借关于"裂脑人"的研究赢得了诺贝尔生理学或医学奖，也由此给心理学和神经科学研究领域带来了永久性的变革。他的研究证实，脑的两个半球可以分别进行相当独立的思维活动。斯佩里这样写道："脑似乎具备两种思维模式，这两种思维模式是相互独立的，分属左脑和右脑。"左脑负责顺序推理，擅长分析和文字处理；而右脑负责整体推理、模式识别，以积极领会各种情绪和非语言类表达。如此说来，人类的确有两个大脑。（平克，2013）[13]

这些研究对我们进一步揭示思维活动的规律和发现它的物质基础无疑是有着重要作用的，但是思维作为人的高级心理过程，与脑的神经活动相比毕竟不属于同一层次和水平。神经活动只是人的思维活动的媒介，我们仍然需要从更抽象的水平上加强对思维的研究。

以上不同学科对思维本质的理解所存在的差异本身正说明了思维现象的复杂性，同时也展示了人们在"人如何思维""人如何发展自己的思维"等问题上丰富多样的研究成果。

本书所讲的思维与哲学、逻辑学、脑科学、语言学和心理学中的思维概念有关联，但主要着眼于教育学的理解，是指人在解决问题过程中的智力活动，接近通常所谓的"思考"（think）。

如果说哲学以及心理学、逻辑学、脑科学等学科主要围绕"人何以为人""人的思维的可靠性"等问题来考虑有关思维的问题，那么，教育学则直接将它们转换为"我们怎样思维"的主题，进而提出并关注相应的"怎样发展人的思维"的教育学策略。因此，当我们建议教学要"为思维而教"，要"教会学生思维"时，我们主要是指教学要教会学生"学会解决问题"。

# 第三节　思维是否可教

在提出"为思维而教"这一命题时，它将不可避免地遭遇"思维是否可教"或"在多大程度上可教"的诘问。

思维究竟能不能教，教育在人的思维能力的发展中到底能够发挥什么样的作用，在这个问题上，向来存在着两种观点之间的分歧。

在否定的观点中，由于否定的对象不同，又存在着不同的认识，既有认为思维不可教的，也有认为思维教不会的，还有认为思维不需要教的，等等。

## 一、思维不可教吗

如皮亚杰认为儿童的思维发展受到成熟、经验知识、平衡等因素的制约，并且思维的发展在不同的年龄阶段有着相应的顺序不变的不可跨越的阶段，因而受到不同年龄阶段所存在的一般逻辑结构的束缚。因此他认为对思维的强化训练并不能够导致思维的结构发生内源性变化，即否认思维训练的有效性。

曾长期从事思维训练研究的海斯指出："思维训练有三个问题令人头痛。第一，一般思维技能的训练需要辅之以大量的具体知识，而这些具体知识的掌握则并非是朝夕之间就能完成的；第二，我们所教的策略多得数以百计，学生被弄得莫衷一是，无以下手；第三，尽管有时我们把某个策略选准教好了，但换一种条件仍然无效，因为策略的训练常常无法迁移。"（汪安圣，1992）[410]

第三种认识是广义的知识观所包含的思维不需要教的观点。现代广义的知识观不同于狭义的知识观仅仅把知识看作它的储存和提取，而是认为知识不仅包括储存与提取，而且应该包括它的应用，即所谓"真知"。如加涅的智慧技能，布卢姆的领会、运用、分析、综合、评价，都是指的知识的应用；奥苏伯尔的知识论强调个体的心理意义的习得以及个体的良好认知结构的塑造，他所讲的知识，包括知识的理解、应用、解决问题等。加涅、布卢姆和奥苏伯尔所讲的知识都属于真知，是广义的知识观。即用知识来解释智力（思维），将知识、技能与策略融为一体，由此认为发展智力的任务已经包含在知识教学中了，用不着在知识和技能教学之外另提发展智力的任务（皮连生，1996）。

## 二、思维的可训练性

同时，也有很多人对思维能够教会持乐观的态度。心理测验的创始人比奈坚信思维具有可训练性。他说："对于那些不懂怎么去听、去注意、去保持安静的孩子，我们认为我们的首要任务不是把我们认为最有用的知识教给他们，而是教他们如何学习。我们于是就得到了我们所说的智能矫正练习。……与医疗上的矫正使驼背变直一样，智能矫正练习可以强化、培养和增加注意、记忆、知觉、判断力以及意志力。"（汪安圣，1992）[370] 美国全国教育协会在《美国教育的中心目的》一文中声明："强化并贯穿于所有各种教育目的的中心目的——教育的基本思路——就是要培养思维能力。"（汪安圣，1992）[370]

其实，在讨论思维究竟是否可教这一问题时，可以从对思维的重新理解入手。在对"思维可教吗"这一问题的否定回答——思维是没法教的这种陈述中，实际上暗含着思维既不可教，也不一定能够教得会这样两方面的否定。

然而，如果我们仔细推敲这一命题，并把"教思维"和教育中教其他的东西进行联系和对比，似乎可以从中得到不少的启示。比如，运用同样的逻辑和思维模式，我们可以对许多早已习以为常的做法进行同样的追问：价值可教吗？品德可教吗？如果都不能教，我们的价值观教育和德育为什么在教育中正日益受到越来越多的重视？甚至我们还可以追问：知识可教吗？能力可以通过教育培养吗？因为在"思维可教吗"的疑问和否定性回答中，还包含着这样一层意思：为什么思维不能教呢，是因为思维不是可以直接由教师传递给学生并由学生完全直接接受的那种东西，相反，它更多的是依靠学生自己在经验中的摸索、体悟和积累，依靠学生有意识或无意识地将这种摸索和体悟所得进行内化，从而逐渐掌握应该怎样思维。因此，思维更多的是经由学生自我的摸索学会的，不是由教育教会的，而思维不可教则正是从"思维不是教会的"这个意义上得出的结论。

如果这样来理解的话，知识的教，又何尝不需要经由学生自我的理解、体悟和摸索呢？当然，同思维相比，教给学生知识的确较多地表现为学生的被动接受，至少从教育的外部形式上，特别是在应试教育的实践中呈现出这样的特征。但是，学生大量的被动接受，没有或几乎没有主动的理解、体悟和摸索，没有或几乎没有自觉的内化，正是教育多年来存在的一个痼疾，正是在当前的教育改革中要尽力革除的弊病。

与教会学生思维一样，教给学生知识，教师的传授也仅仅只是一个方面，同样需要有学生的理解、体悟和摸索。如果缺失了学生的理解、体悟和摸索，只有外部的灌输和学生被动的接受，正如当前备受指责的学校教学的所作所为，学生所获得的知识并不是真正的知识。

换句话说，如果仅仅因为思维的培养和发展强调学生的体悟和摸索，就断言思维不是教育"教会"的，那么，知识又何尝能够不经由学生自己的理解、体悟和内化，完全由教育、教师"教会"呢？如果这样联系和比较的话，我们恐怕只能认为，知识，也不是教会的。那么，我们的教育还教什么？！

### 三、思维是一种程序性的知识

所以，同知识、价值、美德一样，**思维既构成着教育，也依赖着教育**。实际上，在将思维同知识、价值和美德等教育中所教的其他东西进行联系和对比的过程中，我们还可以换一个角度来理解：从某种意义上说，思维其实就是一种程序性的知识。

认知心理学把知识分成两种存在差异的类别：陈述性知识（declarative knowledge）和程序性知识（procedural knowledge）。

陈述性知识指的是那些静态的、不变的事实信息，信息的组织对人们是显而易见的，通常能够加以描述。陈述性知识常具有一系列相关事实的形式。比如，某人掌握了许多关于电脑的知识：敲击键盘打字可以产生文件，运用鼠标选择菜单能够对文件进行编辑处理，硬盘驱动器是用来储存文件的，等等。这是一系列的事实，这些事实同时也是其他任何一个懂计算机的人所认同的。陈述性知识通常是静止不变的，比如，某人知道邓小平是改革开放和社会主义现代化建设的总设计师，这种知识将保留一生，没有什么能改变他对这一事实的认识。

与陈述性知识相比，程序性知识没有明显的组织，也不容易进行描述，它指的是作为技巧性动作基础的知识，表现为动力的、变化的。程序性知识可以较容易地显示给他人，但不容易讲述。比如，某人是一个游泳能手，在水中可以进行多种漂亮姿势的游泳，但不一定能够详尽地描述整个游泳的过程。与"邓小平开创改革开放"的知识不同，某人游泳的技巧是不断提高的。即陈述性知识可以保持不变，而程序性知识则可以在运用中得到强化。有人用两个短语来总结这两类知识间的差别："知道是什么"和"知道怎么办"。

显然，教会学生思维，就是要让学生"知道怎样思维"，掌握作为一种"非言语程序性知识"（Best，2000）的思维，而不是把有关思维的定义、概念、特性等陈述性的知识传递给学生。其实，要让学生真正达到"知道怎样思维"，也并非必须让学生首先"知道思维是什么"；因为，一个游泳能手也许根本就不了解或无法讲清楚有关游泳的理论或原理，而他已经是一个游泳能手了。也就是说，程序性知识的获得不一定必须以陈述性知识的掌握为前提。

这暗示我们，学生程序性知识的获得不一定要从理论的讲解和灌输开始。思维被划归为一种程序性的知识，意味着要"知道怎样思维"，就需要主体通过实践中无数次的试误，在多次的尝试中发现某些思维方法比另一些思维方法更为快捷有效。经过经验的重复印证之后，主体开始反思，并试图构建能够解释此种思维方式的有效性的理论，再用得到的这种理论指导后续的思维实践。程序性知识的这种习得方式提醒我们，在教育中，思维的教必须强调学生自己自觉主动对思维实践的经常性参与。

## 四、思维可以通过训练提高，是可以教会的

任何形式和内容的专门教学与训练都会引起个体发生或多或少的变化，绝对的否定训练效果和一味的崇拜训练都是不可取的。当然，我们所说的教会学生思维，指的是那种在科学理论的指导下，遵循一定的程序，对思维能力进行有系统的、旨在提高学生思维水平的活动，随意的指导和训练并不是严格意义上的思维教学。

从不断积累的事实和已有的研究成果来看，"思维是教不会的"和"思维是不需要教的"这两个假设都具有明显的片面性。

思维可以通过教学训练而提高，思维是可以教会的。对这一点杜威也早产生过疑问，并做出明确的回答。在思维训练中究竟有没有训练的迁移？或者说，思维训练到底有多大的成功可能？"在处理一种情境或一种学科时获得的思维能力是否能表明这一思维本身在处理另一项学科和另一情境时也具有同等的效力？"（杜威，1991）[55] 对于这一问题，杜威的态度非常鲜明。他认为，迁移不是必然的，迁移的实现有赖于一个前提和基础，那就是迁移源和迁移目标所共同具备的因素。即"技能和理解从一种经验带到另一种经验中去，所依靠的是两种经验存在着同样的因素"。因为，相似性就像一座桥梁，"它使心灵从一种先前的经验通过相似性这个桥梁通达到一种新的经验"。而思维，恰恰"是一种自觉地理解共同因素的过程"。正是由于思维的作用，提高了共同因素的有效性，从而能够达到迁移的目的。若忽视了经由思维得来的共同因素发生的迁移，则是"盲目的"和"纯粹偶然的"。因此，杜威认为，"思维正好是使迁移成为可能的因素，是控

制迁移的因素"（杜威，1991）[55-56]。

在实践中，早就有许多研究的结果证明了思维是可以通过专门的训练教会的。张慕蕴等（1980）通过挖掘儿童思维发展潜力的训练，使一年级小学生在第一学期就掌握了八位数的读法、写法，抽象思维能力很快得到明显提高；吴天敏的实验研究（1983，1985）通过给学生增加一些"动脑筋"练习，三个月后学生的智商得分提高了5—8分，证明智慧是可以通过训练得到提高的。王晓平（1987）的思维教学研究采用自编的《思维课学习手册》，对被试进行每周一课（40分钟）、为期十周的训练，结果证明，学生思维的流畅性、广度、概括能力、发挥能力均有明显发展。林崇德等人专门通过实验研究来揭示教育在思维发展中的作用。在实验班和控制班，通过对学生进行智力检查和学科考试，分成成绩没有显著差异的对等组，使用同样的教材，上课、自习的时间和作业量保持一致，学生家长职业大致相同，课外基本没有增加额外的练习量。通过对无关因素的控制，使实验班和控制班之间的差别只在于实验班的教师能够与实验者积极配合，进行教学方法改革，着重在运算中对学生思维品质进行培养；而控制班仍然按照一般的教学方法进行教学，不进行实验班的教学方法改革。通过一段时期的实验，结果也证明："教育是作用于思维发展的决定因素，合理的适当的教育措施，把握客观诸因素的辩证关系，能挖掘小学儿童运算中思维品质的巨大潜力，并能促进教学质量的提高。"（朱智贤 等，1986）[178]

美国哥伦比亚大学哲学系教授李普曼于1974年提出的"儿童哲学"方案，也是为达到教会学生思维的目的所做的一个比较成功的尝试。儿童哲学正是以学生思维的发展为唯一目的。李普曼将儿童哲学作为一门促进学生思维发展的专门课程，用集体探究的方式，在培养学生思维能力方面显示出特有的功效和价值。

英国的罗伯特·费舍尔也对儿童哲学在培养学生思考能力方面的成效极其赞赏。他这样说道："我们需要的是一个与课堂紧密相连但又具有批判性思考和创造性思考的理论。这个理论应当与课程目标和教育标准的提升密切相关。它需要承认思考在形成人类情感和人类行为中的作用。它需要促进发展那些能够提升道德、社会、精神和文化教育的态度和气质。它需要在最广泛的各种情境中提供一个框架来培养具有批判性、创造性和想象力的思考。它必须提供推理的普遍化要素，同时也必须提供在特定主题和情形下的要素。它还需要提供程序过程，使学生可以变得更有思想、更具推理能力、更人性化。它需要创立一门学科能够模仿'最高级'思考。它还需要提供经过测试的教学法和教材，以便在任何的课堂和团体中教授思考。能够满足上述要求的是'儿童哲学'的综合理论和教学法。"（费舍尔，2007）[14]

我国也有一些学校开展了深入持续的儿童哲学的理论研究和实践探索，这一理论和方法在学生思维发展中的作用已经表现出明显效果，本书在第三章和第四章会有关于儿童哲学课程开发与课堂教学的介绍。

华东师范大学的冷静等研究者，分析与梳理了近十年关于国内外教学干预对学生批判性思维影响效果的 79 项实验与准实验研究，结果发现，教学干预对学生批判性思维的倾向和技能都有显著影响，即存在有效的教学策略来培养学生的批判性思维；所有学科领域和教育阶段都有提升学生批判性思维技能和倾向的有效教学策略，其中，数学学科效果最好，小学、初中、高中和大学任一教育阶段对批判性思维都能起到促进作用，其中，高中阶段开展批判性思维教学的效果最佳；批判性思维教学的周期越长，提升效果越好（冷静 等，2020）。

## 五、思维训练与知识传授并不矛盾

大量的事实和科学研究成果已经证明了思维训练的有效性，亦即思维是可以教会，能够通过教育得以改善和提高的。其实人们在观念里一直接受着思维是可教的事实，因为形形色色的思维课程、思维教学、思维训练正在我们的学校备受关注和青睐。只是由于长期以来的教育一向偏重于知识的传授，把注意力都放在了背记上，因而使思维的训练遭到了忽视和冷落。教师在课堂上罄尽全力传授着人类千百年累积下来的文化知识，而对于前人是如何获取知识以及怎样运用这些知识无暇顾及。尽管人们知道知识并不等于思维，但常常简单地认为，通过知识的掌握和解决问题，就自然能够获得相应的能力，因此无须专门考虑思维能力的训练和培养。没有将思维训练作为一个专门的课程，使得思维的培养并未取得与知识的教授同等的地位。

其实，"思维训练与知识传授并没有矛盾，前者改善知识获得的心理机制，促进个体产生新的逻辑——数学类型的知识；后者帮助个体接受新的经验知识，为思维提供加工的原料，两者相辅相成"（谭和平 等，1998）。然而问题的另一方面是，知识毕竟不等于思维，知识也替代不了思维，更重要的是人们远远无法掌握人类过去、现在和未来的全部知识，这就迫使人们不得不重视能够产生新知识的思维。当代认知心理学已经以动态的思维过程观对思维进行研究，并取得新的进展，对思维的心理加工过程的研究训练也日益受到重视。

人们对思维过程及其心理机制的认识必将为思维能力的培养带来新的思路，这预示着关于思维的教学拥有比以往更为科学可靠的理论依据。而且，越来越多的人认识到思维教学在教育体系中应有的作用和地位。毫无疑问，进行专门的思维培养是一种高效和有价值的智育形式，从思维过程及其心理机制入手去进行思维能力的开发和培养，必将会取得令人鼓舞的成就。

我们正处于一个呼唤创新的年代，思维能力、创新能力的重要性被提到了从未有过的高度，这正是教育的重心从传授知识向教会思维转变的有利时机。随着认知科学研究的深入发展，随着教育科学中思维教学的研究逐步深入，教育在学生思维能力发展中的作用必将得到彰显。

# 第四节　思维究竟何在

知识是人类在征服自然、改造自然的活动中积累起来的精神文化财富和认识成果。作为人类理智活动的产物，知识是人类最为宝贵的财富，因而人类对"知识的寻求像人类的历史一样古老"（赖欣巴哈，1983）。不同的时代，知识具有不同的发展水平。从刀耕火种的蒙昧时期到信息革命的现代，人类的知识获得了一次又一次巨大的飞跃和质变。"知识就是力量"，培根的这句名言曾经激励了一代又一代人在追求知识的漫漫长路上不懈努力。

## 一、思维"基于知识"

长期以来，人们对"知识就是力量"怀有很多误解，以为积累了多少知识就拥有了多少征服世界的力量。事实上，在培根那里，"知识就是力量"不过是说"知识可以发挥力量"。知识本身并没有力量，只有适当地使用知识、以知识作为基础来解决问题才可能实现知识的力量。而"只有在思维过程中获得的知识，而不是偶然得到的知识，才能具有逻辑的使用价值"（杜威，1991）[53]。显然，适当地使用知识、以知识作为基础来解决问题也就是一种基于知识的思维能力，或者说是一种基于知识的智慧。只有思维能力和智慧才直接地产生力量。知识具有多大的力量总是取决于知识在多大程度上转化为"思维能力"或智慧。而从知识到思维能力、从知识到智慧的转化，正是教育需要关注的问题。

思维之所以能够对客观世界做出间接的、概括的反映，是以所积累的知识经验为基础的。知识是思维发挥作用的基础性要素。思维能力的高低部分地取决于记忆储存中相关信息量的多少。对思维而言，大量的知识储备是必需的。没有知识经验，思维就难以很好地发挥作用。思维能力的高低，一定程度上取决于主体的知识结构和文化背景。所以说，一个人所拥有的知识经验是个体思考问题、解决问题的基础。思维能力的培养和发展也不能离开主体对知识的掌握而孤立地进行，即使是在教育史上一度受到重视的"形式训练"，也需要以古典语言、几何学等知识内容作为智力训练的材料。也就是说，一个人的思维能力只有在学习和掌握知识、解决问题的实践过程中，随着主体知识经验的丰富而得到完善和发展。

在思维的三层模型理论中，思维的过程被分为三个层次或水平：经验、解释和分析（如图1-1所示）。经验是第一个水平，包括直接经验和从别处得到的信息或经验事实，经验是思维和论证的基础；解释是第二个水平，包括对经验的个体化解释，也掺杂着集体和文化的思想；分析是第三个水平，包括批判性地审视自己或别人对经验的解释，拒绝采纳狭隘或过于宽泛的解释。（博斯，2016）[18-19] 这个三层模型提供了思维发展的动力模型，从经验、解释到分析，有时也会从分析水平返回至经验，即知识或信息层次。

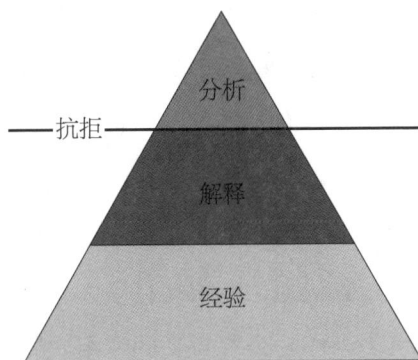

图 1-1 思维的三个水平

## 二、专家与新手的区别在于知识经验不同

心理学对专家和新手在解决问题时所运用的知识组织和策略之间差别的研究，可以很好地说明知识基础对思维能力的意义。一个象棋大师下棋时能够记得许多有效的棋谱，能看到好几步之外的棋子的变化；而新手则往往难以做到这一点。象棋大师具有新手所缺少的哪些东西呢？

为了回答这个问题，蔡斯和西蒙对一个象棋大师和一个象棋初学者进行了实验对比研究。实验的刺激物为象棋放在棋盘上的两种不同的位置。一种是实际棋盘位置，即一场真正的象棋赛进行到中间时象棋放在棋盘上的位置（棋盘上有24—26个棋子），或者是一场真正的象棋赛终局时象棋在棋盘上的位置（棋盘上有12—15个棋子）。另一种是随机棋盘位置，所有的棋子都是随机地放到棋盘上的。在实验中，让被试看棋盘5秒钟，然后盖上棋盘，给被试一个新的棋盘和一些有关的棋子，要求被试按照刚刚看到的样子把棋子放到棋盘上。结果表明，大师对取自实际比赛的棋盘位置的重建成绩非常好，他虽只看了5秒钟，然而对于棋赛进行中棋盘上的棋子平均可摆对16个，初学者的情况差得多，只能放对4个棋子；但在随机棋盘位置上，大师和初学者的成绩水平相同，每个被试只能正确放置4个棋子。

这个研究能够说明一些有趣的发现。很明显，并不是专家有更强的记忆力或者超级认知技能，因为他们在记随机棋盘位置上的成绩并不好。是什么使他们在下棋时能做多步骤计划或者记住早先下棋时的棋盘位置呢？蔡斯和西蒙认为，专家储存了大量的棋谱，他们把由许多棋子构成的一个棋谱当作一个有意义的"组块"来处理，而大量棋谱的储存又是建立在多年成百上千次棋赛和对各种棋术进行思考的实践基础上的。西蒙估计一个大师具有50000个组块。这个研究告诉我们，专家有丰富的专门知识，如大量的棋谱，而不是有超人的记忆能力（汪安圣，1992）[302]。

专家和新手之间之所以产生明显的差距，是因为专家与新手所拥有的专业知识在质和量上都存在重大差异，正是这种专业知识的差异造成了他们解决问题时技能上的差异。对知识掌握得越好，就越有可能把知识应用于新的问题情境。这个例子启示我们：事先积累起来的丰富的专门知识在思维过程中起着关键的作用。

一个知识贫乏的人，头脑中只有凌乱的处于低级的自然状态的信息堆积，而没有系统的知识体系的储存，是不可能站在巨人的肩膀上充分利用人类已经获得的成果提出新的问题，同时分析问题、解决问题，进而有所创新的。只有掌握了广泛深厚的知识，熟知前人发明创造的成果，才有可能打开思路，增强思维的灵活性和多样性，不断产生新的设想、观念和创意。这正是所谓的"举一反三""闻一知十”“触类旁通”。

如何才能使思维做到发散，做到举一反三、闻一知十、触类旁通呢？一个人在知识积累不够，对于出现的新问题缺乏相关的知识或经验准备的时候，是不可能产生发散性思维的。所以说，知识积累是思维的前提和基础，如果一个人知识面狭窄，知识结构不合理，缺乏知识更新的能力，就难以有思维能力的良好发展。

### 三、知识对思维的限制与阻碍

与此同时，人类在追寻知识的过程中，是否同时存在着失去智慧的风险？知识在带给人类恩惠的同时，是否也带来了消极后果？

有一种观点，认为智力不是通过思维而是通过获取和积累知识而得到发展。这种观点面临着这样一个危险：就是曾经被人们讨论过的"智力陷阱"，或者叫作"对知识的错觉"。即阻止人们做出发现的最大的障碍通常就在人们认为他们知道或能够胜任的那些事物中。他们陷入在自以为已经知道的知识中，不愿意接受新的观点。许多阅读面广泛、知识积累较多的学生在学习方式上表现出缺乏智慧、提不出新的观点，反而被旧的知识和熟悉的思维习惯阻碍的现象。这就是知识与思维关系的另一个方面：知识对思维的阻碍。

知识和思维是一个统一体，同时又是两个有着明显差异的范畴。知识和思维分别代表着人类思想的两种能力或两个方面。知识就是对某种已经存在、已经决定的事情的了解和"知道"，因

而知识是没有自由的；而思维是创造，是对尚未发生的事情做出决定，因而思维是自由的。

对于思维与知识相异的观点，英国剑桥大学著名思维训练专家爱德华·德·波诺持肯定的态度。他认为，知识不能代替思维，思维也不能代替知识，即使能够完全掌握过去的全部知识，但对未来的知识知之甚少，也就必须要有思维（Kantowitz et al., 1997）。而且，知识和思维之间并非完全对等的关系，知识经验的积累对思维能力所起的作用并不全是积极的，如果一味僵死地储存知识，过分依赖知识，则又会限制和阻碍思维能力的发展。因为知识毕竟是已知的东西，是属于过去的创造成果。人们通过记忆掌握了前人已经发现出来的知识以后，如果不经过自己思考，使已有知识得以改进、扩展和重组，从而应对新的情境，解决新的问题，而只是单调地积累知识，过分依赖知识，就会导致顽固的思维惰性和思维定式，使人不愿意或者不能够打破旧有的思维习惯，轻信已有知识的真理性地位，丧失怀疑的精神和能力，从而阻碍思维能力的发展。

我们可以从知识的增长中得到解释。20世纪人类的社会知识系统空前繁荣和丰富，甚至到了"知识爆炸"的程度。知识总量的加速增长，无疑是社会发展、文明进步的重要指标。但对社会个体来说，知识的增长势必成为学习者的负担，增加了个体对社会适应的难度，使得个体不得不在学习和掌握知识方面花费较多的时间和精力。由此不仅个体能够涉足的知识领域和范围受到局限，同时个体对知识和社会能够进行的思维活动也不可避免地受到限制。因为，"无论在什么情况下，意义的获得总是以完整性的减少为代价的。意义和完整性两者的不可兼得或许对专家们来说最为明显：他们用自己特有的模式审视世界，而忽略了用其他模式也能呈现出来的意义"（美国信息研究所，1999）。

为了适应时代和社会的发展，人们不得不时时关注不断产生的新知识，在纷繁的新知识面前应接不暇。甚至，有的人还怀有成为兼通自然科学、社会科学和人文科学的现代通才的梦想。然而，古希腊时期柏拉图和亚里士多德那样的"百科全书式"学者恐怕只能作为那个时代的辉煌，在今天这个知识量剧增的时代，过于关注知识的获取和拥有，势必在某种意义上造成人类对自身思维的忽视。

知识的增长，一方面使得人们无暇顾及自身思维的发展，另一方面促使人们对知识盲目信仰以至于受知识控制。而人一旦落入知识的陷阱之中为知识所控制，思维也就失去了自由生长的空间。"不受观点的控制才有智慧"，只有不受知识的控制，思维才有可能得到超越的发展。"当思想操作无法摆脱观点的束缚，思想就不再智慧。知识的积累使事情越来越清楚，而观点的堆积却使思想越来越糊涂。思想总要制造出观念，因此观念的积累是正常的，但思想却应当从问题出发而不是从观点出发，受制于观点就没有思想的自由，也就没有智慧。"（赵汀阳，1998）[5] 赵汀阳借用老子的话感叹"为学日益，为道日损，损之又损，以至于无为"，这是有根据的。毕竟，追求道理智慧不同于追求学问知识，追求学问知识，当然多多益善，追求道理智慧，却必须不断抛弃观点成见，最后达到自然而然的道理。智慧需要人"无立场"或"无观点"地去思想，使思想不过多地为已有的知识所束缚。总有一些人，从书本上学的知识并不多，其智慧却并不因此而寒碜。相反，也有一些人容易沉溺于知识的繁荣之中，任由其控制、掌握着本应自由发展的智慧和思维。

知识构成了思维的基础，掌握知识的多少、知识积累的厚薄，在一定限度内影响着思维能力的发展；但知识渊博和学富五车绝不意味着思维能力高人一筹，即知识的多少不能成为衡量思维能力强弱的标准，重要的是对知识的理解、运用和转化的能力。

教育需要同时在两个支点上努力：既要尽可能地让学生积累必要的知识，同时又要引导学生不断地把大脑中沉淀已久的东西清零，让自己回到原始状态和空灵状态，让心灵有足够的空间发展新的智慧。这两种努力看起来是矛盾的，但它统一于学生使用知识的过程中。当学生进入使用知识的状态时，学生将在获得知识的同时发展相关的思维能力。

## 四、思维"在智力中"

人们常常将思维理解为智力。思维确实与智力密切相关，但又不完全相同。

什么是智力？如何给智力下定义？有关智力的理解可谓见仁见智。有人说有多少研究智力的专家就有多少种关于智力的定义。单是《中国大百科全书（教育）》就列出了五种智力的解释："（1）智力是适应新情境的能力；（2）智力是指一种学习能力；（3）智力是指抽象的思维能力；（4）智力是从事艰难、复杂、抽象、敏捷创造性的活动，并能集中精力保持情绪稳定以从事这种活动的能力；（5）智力是一个人能够为着某些目标而行动、能够理智地思考和有效地适应环境这三种能力的综合表现。"（中国大百科全书总编辑委员会《教育》编辑委员会 等，1985）除此之外，还有很多种关于智力的理解，比如认为智力就是智力测验所测量的东西，认为智力就是解决某种智力问题的能力，等等。

人们倾向于认为，智力是使人能够顺利地从事多种活动所必需的各种基本认知能力的有机结合，包括五种基本因素，即观察力、注意力、记忆力、想象力和思维能力等。

　　智力的水平决定于五种组成因素的整体水平。要使智力达到较高的水平，必须五个组成因素的水平都比较高才行，如果仅是其中某一个组成因素的水平较高，而别的因素的水平处于相对较低的水平，或者五个组成因素的水平都很高，但彼此没有处在良好的结构之中，那么智力的水平同样不会很高。即五种组成因素在智力结构中是一个整体，各种因素之间相互影响，彼此制约。任何一个组成因素的水平不仅会影响整个智力的水平，而且会影响其他四个因素的水平。同时，五种基本因素在智力结构中又是相互独立的，各自发挥着不同于其他因素的独立作用。

　　在智力结构的五种组成因素中，思维有着特殊的地位。思维居于智力活动的核心，是整个智力活动的最高调节者，给各种智力活动以深刻的影响。从智力结构的整体来看，其他四个组成因素观察力、注意力、记忆力、想象力都是为思维能力服务的，不仅要为思维提供可进行加工的信息原料，而且要提供活动的动力资源。此外，虽然思维也需要以其他几个组成因素作为活动的条件，但如果没有思维，则通过其他因素摄入的信息原料和动力资源都将是毫无意义的东西，发挥不了有价值的作用。而且，智力结构中的其他因素都必须受思维能力的制约和支配，都必须围绕思维活动而进行。其他因素自身的活动，有了思维能力的参与才能有效地进行，一旦离开思维，其他智力活动都将停留在较低的层次和水平，甚至不能发挥其应有的作用。

　　总之，思维"在智力中"，与智力是两个既有联系又有区别的概念，两者之间呈现出一种复杂的关系。

## 五、思维通过"问题解决"展现

无论什么时候，只要遇到必须付出认真的思维努力才能处理的情境，我们就必定面临着一个或更多需要解决的问题。当然，有些问题并不是真正的问题。比如，当前标准化考试中出现的那些学生事先已经背记好了答案的问题。真正的问题是那种必须包含有重建新的信息或已有信息的新组合的问题。所以，思维实质上就是问题的解决，而问题解决也不能没有思维。即思维和问题解决几乎是不可区分的。

在思维和问题解决之间，首要的一点在于，问题是思维的起点。关于什么是思维的起点，人们曾经有过不同的认识。如有人认为知识是思维的起点，有人认为观察是思维的起点，等等。知识和思维之间的关系我们已经做过分析，知识作为先前思维的成果，是构成思维的内在要素，是思维活动的前提和基础，却不能直接成为新的思维的起点。观察是人们发现新的事实的重要途径，经由观察所获得的更多的可能是经验层次的知识，如果没有在此基础上形成问题，仍然不足以引起进一步的思维。所以，思维的起点，只能是问题。

对于问题在激起人的思维活动中的重要作用，人们早有认识。实验科学的"鼻祖"培根曾经说过，如果科学研究从肯定开始，必将以问题告终，如果从问题开始，则必将以肯定结束。"现代科学之父"爱因斯坦更为深入地阐述了这个问题。他说："提出一个问题往往比解决一个问题更重要，因为解决一个问题也许仅是一个数学上的或实验上的技能而已，而提出新的问题、新的可能性，从新的角度去看旧的问题，却需要有创造性的想象力，而且标志着科学的真正进步。"（爱因斯坦 等，1962）

所谓问题，就是未解的疑难或矛盾，就是理想与现实之间的差距。有问题就意味着对现实、现状的不满，就意味着有自己的思维。很难想象一个没有任何问题的人会打破现状，超越常规。所以今天的教育开始注重和强调培养学生的问题意识。

所谓问题意识，指的是学生面临需要解决的问题时的一种清醒、自觉，并伴之以强烈的困惑、疑虑，想要去探究的内心状态。正是这种内心状态驱使着学生积极地思维，不断地产生解决问题的办法，不断地提出新的问题。

问题是思维的起点，而问题的产生则来自怀疑、疑虑、疑惑。所谓的"疑问"，便是指由疑而问，有疑才有问。科学发展史上许多重大问题的提出，都是从怀疑开始的。哥白尼如果对"地心说"深信不疑，则不会有"日心说"的创立；伽利略若认为亚里士多德的落体理论天经地义、不容置疑，也不会有科学的落体定律的发现。一些有重大价值的问题，往往就是在对多数人看来是天经地义的东西的深刻怀疑中产生的。然而怀疑绝不是无缘无故想当然的猜测。怀疑的基础是正确、合理、审慎的思维。只有善于思维才能善于怀疑，因此，思维是批判的怀疑精神的必要前提。

基于思维的怀疑产生真实的问题，问题作为起点引起人们思维的产生和发展。思维和问题在发生上原本就是"蛋和鸡"的关系。而两者之间的关系似乎还不止于此。作为起点的问题在激活思维之后，又成为问题最终得以解决的动力。问题的存在，就是矛盾和不平衡、不一致的存在，它始终吸引着人们投入思维的努力去探究、追问和解决。对于问题意识强、创造性高的学生来说，一旦发现了问题，就会产生解决问题的需要和内驱力，产生一种心理上的不平衡，从而激起强烈的求知欲和好奇心，唤起内心创造的需求与兴趣，在强烈的创造动机的驱使下，激励自身进行积极自主的思维，直到问题解决，达到创造的目的。

　　思维由问题产生，又因问题而得到持续不断深入的发展，思维的最终目的在于问题得以解决，做出有所创新的发现。思维和问题、思维和问题解决始终互相伴随左右。凡思维发生作用的地方必定有问题的存在，必定有解决问题的需要。唯有问题存在的地方才能够产生真正的思维。

　　总之，思维是一个复杂的范畴。思维的特性究竟是什么至此似乎仍然只有一个大致的轮廓。思维的复杂性几乎不允许我们为思维给出一个明确的定义，我们所能做的只是尽量考察"思维不是什么"或"思维同什么相关"等问题，由此对思维有一个基本的了解和认识。

◎ **本章回顾与反思**

　　1. 什么是思维？思维的发生和发展有什么样的机理和规律？

　　2. 你认为思维可教吗？为什么？

　　3. 思维与知识和智慧分别有着怎样的关系？教育究竟如何影响人的思维？

　　4. 学完本章内容，你对思维和教育的认识有了哪些新的变化？请试着用自己的语言表述思维、问题、知识在教学中的价值与意义。

# 第二章 关于思维的研究及若干结论

思维的奥秘吸引着人们投入无限的精力和热情去探索和揭示它。思维问题原属于哲学研究的范畴，思维被认为是宇宙中"物质运动的基本形式之一"，是地球上"最美的花朵"。后来由于思维涉及物质和精神、宏观和微观、理论和应用等多个不同的方面，因而又成为多门学科研究的对象。哲学、心理学、逻辑学、思维科学、脑科学以及教育学等不同的学科都在"思考思维"。这些学科"对思维之思"既相互联系、相互影响，又侧重面不尽相同。

# 第一节　思维的心理学假设

从早些时候行为主义心理学的试误说对思维的忽视，到后米顿悟说以及发现学习的提倡，思维在心理学有关教学的研究中越来越成为关注的焦点。

## 一、试误说：没有"思考"的尝试

持行为主义理论的心理学家用根据动物所做的一系列实验，建立了自己的思维和学习理论。最著名的实验就是桑代克的迷箱实验。被关进一只迷箱中的饥饿的猫，为了得到作为奖赏的箱外的食物，必须找到打开箱子的门闩装置的正确办法。在这种实验中，迷箱的内部构成了一个"刺激情境"，处于"刺激情境"之中的猫使出浑身解数，尝试各种可能的行为，试图逃出箱子。最初的尝试大多是一些混乱、无关、不成功的行为，偶然之中，门闩被碰到，猫得以逃出箱外，吃到食物。随着尝试次数的增加，猫用于进行各种尝试，做出正确反应，直到最终从箱子里逃出所用的时间越来越少。猫似乎"学会"了打开门闩装置逃出箱子吃到食物的正确方法，不再乱抓乱碰，四处乱窜。对此，桑代克的解释是，作为被试的猫并非真正"明了"或"领悟"了解决问题的方法，它只是建立起了情境和反应之间的联结。而学习，就是通过"尝试错误"建立起情境和反应之间的联结的过程。

因此，**学习就是联结**，人之所以善于学习，是因为形成了许多有效的联结。而教育的目的，就在于把其中的某些联结加以永久保持，把某些联结加以消除，并且把另一些联结加以改变或利导。（张庆林，1995）为了产生或消除联结，桑代克提出了三条著名的学习定律：练习律、效果律、准备律。

在桑代克的理论中，无论是联结学习还是尝试错误，他丢掉了非常重要的一个方面，即思维在其中所起的作用。桑代克一再坚持，学习是刺激和反应之间的直接联结，思维或推理并不发生作用。他认为，在迷箱实验中，"猫并没有仔细地观察情境，也没有细致地'思考'，就接着做该做的事。出于本能与经验，对于该情境（限于猫饥饿时外面摆着食物）立即引起适当的反应"（鲍尔 等，1987）。实验中的猫之所以逐渐找到了解决问题的办法，在桑代克这里，被解释为全部的"本能与经验"。而在其所进行的其他动物实验中，桑代克似乎更加坚信了他的这个理论。"学习是渐进的，也就是说，学习每次出现一点，而不是突然出现。每次猫成功逃跑后，随后的逃跑会更加迅速。学习是自动发生的，也就是说，学习并不受思维的调节。相同的学习原理适用于所有哺乳动物。"（赫根汉 等，2020）[421] 由这些观点可知，动物的学习和问题解决过程，根本没有思维推理的参与，也并不以思维为中介，只有自身本能的反应。

桑代克通过严格的动物实验，创立了学习的直接联结理论，这无疑给他带来了很高的声誉。但缺陷在于，他把经由动物实验得来的结论简单地推广到了人类学习中，忽视了人类学习的复杂性，忽视了思维在人类学习和问题解决中的作用，把人类的学习简单化、动物化了。尽管后继的行为主义心理学家如华生、斯金纳等对桑代克的理论进行了各种各样的完善和发展，但由于他们否认人的主体性、否认人在学习中积极的思维和推理，容易误导教育中出现机械训练和死记硬背的教学方式，因而共同受到了将人"动物化"的批评，并被新的理论所取代。

## 二、顿悟说：理解与创造性思维参与学习

对行为主义的学习联结理论和尝试错误说提出明确反对意见的是格式塔学派①的心理学家，他们认为学习不是"试误"，而是"顿悟"。

格式塔学派的代表学者柯勒用黑猩猩做了一系列的实验，证明学习是一种顿悟。在他的实验中，关在笼中的黑猩猩要拿到放在笼子外面的香蕉。笼子里面有两根短竹棒，其中任何一根的长度都够不到外面的香蕉。一只名为苏丹的黑猩猩在经过几次尝试和失败之后，突然领悟到将两根竹棒接起来就够到了香蕉。而一旦发现了这一方法，以后遇到类似的情境便能够迅速重复这一"接竿"行为，而无须再试误。这就是顿悟学习。

比较桑代克和柯勒的实验及其结论，后者的超越之处在于指出了学习不再是盲目的试误和摸索，而是顿悟和理解。柯勒通过对黑猩猩解决问题过程的大量仔细观察和研究，发现黑猩猩在行动之前有长时间的停顿，而停顿之后的行动则是一个连续的整体。这说明黑猩猩在行动之前已经领悟了自己的行为动作与所处的情境，特别是目的物之间的关系。

同试误说相比，顿悟说肯定学习的过程中包含了理解、领会情境的思维活动。因此，顿悟说或者叫理解学习无疑属于更高层次的学习，也更能反映人类学习的特点，因此，更容易被人们接受。而柯勒

---

① 格式塔心理学的核心采用德语单词"Gestalt"来表达，即"完形"——有组织的整体，而不是零散的集合。——编者注

之后的心理学家通过研究认为，尝试错误学习和顿悟学习并不是截然对立的。尝试和顿悟是解决问题的两个阶段，一个经过了多次的尝试、掌握了经验的动物将比没有尝试和经验的动物更可能实现问题的顿悟或解决。用这种结论来解释人类的学习，似乎显得更加令人信服。

除了强调理解或顿悟学习之外，格式塔理论的另一个贡献是注重创造性思维对学习和问题解决的意义。作为格式塔理论的创始人之一，德国心理学家韦特海默是现代心理学史上对创造性思维进行大量系统研究的第一人。1945年，韦特海默出版《创造性思维》一书。在这本书中，他深入细致地论述了创造性思维的过程，从简单的一节数学课上儿童解决几何问题，到爱因斯坦这一天才人物发现相对论，都从思维心理的角度进行了有益的研究。他试图通过对不同年龄的人解决不同难度的问题进行研究来支持其思维理论，即整体支配部分的格式塔观点。

韦特海默认为，问题的细节应该放在整个情境中，和整个情境的结构联系起来加以考虑，解决问题的步骤应是先从整体入手，然后再逐步分析各个部分。在韦特海默和其他格式塔学派的学者看来，思维实际上是知觉的一种形式，思维和知觉受相同原则的支配。在这个前提下看思维，思维的过程是这样进行的：当个体环境中出现尚未解释的紧张时，就可以说出现了问题，而问题解决的过程就是这种紧张自行消除的过程。一般来说，过去的经验不一定能保证问题的解决，问题的答案是在对紧张的知觉中，由紧张本身产生的。只有通过知觉的重组，从事件的相互作用中产生一个清楚的图解，即完形的出现，才能消除紧张，找到答案。这是寻找刺激完形和经验整体之间关系的过程。也就是说，思维的过程即问题解决的过程。

韦特海默强调，思维是以顿悟为基础的，主张通过整体来进行思维，因此在解决问题时应将整体情境呈现出来，而不是像联结主义者桑代克那样，把解决问题的办法隐藏起来。在韦特海默看来，创造性思维的实质在于通过顿悟来改造旧的格式塔，重建新的格式塔；创造性思维过程就是对问题的顿悟，并获得新的前所未有的解决问题方法的过程。韦特海默阐述了一系列人们在创造行为中应遵守的要求：不要受已经发展的习惯所束缚；不要机械地工作，首先及最重要的是必须将注意力放在整体问题上；必须以"开放的思想"（没有任何偏见）逼近问题的解决办法；必须确定结构和问题之间的相互依存关系，认真考虑"它的根源"。在智力活动中，韦特海默把令人困惑的问题视为最本质的前提。他强调，不可能以传统逻辑的术语，或者以"尝试错误"的术语，来对创造性思维过程进行充分描述。为了实现预想的结果，重组材料和重新整理知识体系尤为重要。

顿悟说非常重视教学过程中学生对问题的真正理解，创造性思维的研究也在他们这里得到了最初的发展。格式塔理论强调，只有学生真正理解了解决问题的原则和策略，才有助于这种原则和策略在其他情境中的迁移，学生的学习才会是有价值的、充满创造性的。为了使学生真正理解和领悟学习的内容，教师应当把问题组合成有意义的整体，让学生从整体的问题情境出发去学习和思维。

## 三、从结构中"发现学习"

顿悟说把人类的学习从"尝试错误"的动物级水平中解救出来，学习过程中的理解和创造性思维开始受到重视。但仅此似乎还不够，因为思维的重要性还没有被提到应有的高度上。

继皮亚杰判定了儿童思维的发展所经历的不同阶段，并把思维的形成和发展看作由图式、同化、顺应、平衡等不同方面组成的一个建构过程之后，深受皮亚杰影响的美国心理学家布鲁纳深刻地认识到，随着社会的发展，单靠对知识的机械理解和记忆，只会加重学生越来越沉重的学习负担。因此，必须注重培养和发展学生的认知能力。布鲁纳不仅对作为人类思维工具的概念的习得及其策略做了大量的研究，还对直觉思维、创造性思维等问题进行了深入的探索。

在著名的伍兹霍尔会议 ① 之后，布鲁纳发表了他的结构主义教育观，强调要让学生学习各学科的"基本结构"，即各种基本概念、基本原理以及它们之间的规律和联系。强调要让学生参与到知识的建构中去，掌握知识的整体和事物间的普遍联系，而不是让学生学习和掌握零碎的知识经验。另外，为了在教学中发展学生的思维能力，布鲁纳还特别强调让学生积极主动地探索，在探索中发现学习。

发现学习的实质是指学习者通过自己的观察和探索、实验和思考，认识问题情境或事物之间的各种关系，找到问题的答案的过程。无论是苏格拉底的"产婆术"，还是杜威活动课程中的"问题法"，都已经蕴含着发现学习的精髓。而布鲁纳则是这一方法的积极倡导者。

布鲁纳认为，人类全部生活中的最独特之处就在于人类能够亲自发现，而对人类的这种发现行为进行探究，可以找出知识的占有者和所占有的知识之间的关系。他主张，发现并不限于那种寻求人类尚未知晓之事物的行为，而是包括所有用自己的头脑亲自获得知识的一切活动形式。在布鲁纳看来，不论是学校里的学生凭自己的力量所做出的发现，还是科学家在尖端的研究领域所做出的发现，按其性质来说，都不过是对现象的重新组织或转换，使人能够超越现象进行新的

---

① 指美国全国科学院 1959 年召开的一次讨论改革中小学自然科学教育的重要会议，在一个小村庄伍兹霍尔举行，约 35 位学科专家参加，由布鲁纳任会议主席。——编者注

组合，从而获得新的领悟。

布鲁纳把学生的发现和科学家的发现相提并论，指出学生的发现法学习中的"发现"同科学家的"发现"之间，也许在形式和程度上存在着区别。学生的发现基本局限在人类已经知晓的范畴之中，属于一种"再发现"的活动。但二者在本质上是相同的，即都是通过积极的思维活动而获得认识上的拓展。

布鲁纳在其《发现的行为》一文中，论述了通过个人亲自发现这种学习的形式可能给学习者带来的益处。他指出，教师通过加强对比、要求学生做从已知到未知的猜测、鼓励积极的参与、唤起对问题解决过程的认识等可以促进学生的发现。发现学习的方法可以帮助学生学会学习和获取他一生中某一具体情况下可能需要的知识。

布鲁纳认为，学生通过发现学习至少可以在以下几个方面得到发展。

第一，智慧潜力得以更充分地开发和利用。布鲁纳通过心理实验研究，特别是亲自进行长达 4 年之久的对 70 名在校儿童的一系列认知活动的实验研究，论证了这一结论，并提出运用发现法教学的著名假设。

第二，学习由外在的动机转换为内在的动机。布鲁纳认为，儿童认知活动的有效性主要是让他们摆脱周围环境所给予的奖惩的直接控制。因为通过像教师赞许这类奖赏或遭受失败这类惩罚策动的学习，往往导致儿童千方百计寻找怎样与他人对自己的期望一致的线索或暗示，而这样的儿童在学习上"出类拔萃"，却在将学习转换成活生生的思维结构的能力方面并不突出，他们分析问题的能力反而比不谋求过高成绩的儿童低。由此，布鲁纳大胆假设，要力求达到使儿童把有所发现而不是有所习得作为学习的任务，以"自我奖赏"的自主性来学习。他认为，从认知过程发展研究的结论来看，行为主义着眼于内驱力减退的学习模式，恰好与发展的许多重要现象背道而驰，所以主张强化内在动机的发现学习。布鲁纳还认为，当发现过程中优胜力或优胜动机达到控制行为的程度的时候，强化的外来恩惠在培养行为中就会逐渐消失。

第三，学会发现的试探法。布鲁纳认为，只有通过练习解决问题和努力进行发现，才能学会发现的试探法。一个人越具有实践经验，就越能把学习所得归纳成一种解决问题或调查研究的方式，而在教学活动中，应当重视发现法的实践运用和经验的表现形式。

第四，有助于记忆的保持。布鲁纳认为，亲自查明或发现事物的真正态度与活动，必然具有使材料更容易记忆的效果。而大量的研究结果表明，在信息组织中，如果由于把信息嵌进一个已经构成的认知结构之中而减少了材料的极度复杂性，就会使那类材料更易于检索。

发现学习的过程其实就是一种探索的过程，是思维展开的过程。如何使学生走向发现学习呢？布鲁纳提出，首先要引导学生运用自己的头脑，因为发现学习实际上就是引导学生发现自己头脑里的"想法"而不是"发生的事情"的过程。另外还要帮助学生把学习材料同已有的知识结构结合起来，使知识成为学生自己的。而教师的教学必须改变传统的讲解方法，采用启发式教学法。

总之，发现学习使得学生尽可能充分地参与到探求知识的过程中，着眼于学习过程本身而不是学习的产物或成果，可以培养学生的好奇心和探究的自主性，发展学生的推理能力、观察能力，提高正确解决问题的能力等。它不要求必须遵循一个预定的计划，达到一个具体的目标，而是着眼于为学生提供发现的条件、要求和机会，给予适当的鼓励，让每一个人自己去思维，并形成一种有助于独立思维的自由的氛围。所以说，以学生为中心的发现学习其实已经蕴含了让学生积极思考、学会思维的精神实质。

建立在对试误说的否定和批判基础之上的顿悟说和发现学习都将教会学生思维作为训练和教育的基本任务，思维的可教性在顿悟说与发现学习的心理学研究中几乎不成为问题。

## 第二节　思维的教育学探索

当赫尔巴特提出将教育学建立在心理学之上时，他实际上将教育学建立在他所经营的以"明了—联想—系统—方法"为思维过程的心理学之上，这使发展学生的思维问题第一次正式地获得了形式化的思维步骤以及相应的教学程序。

按照杜威的看法，赫尔巴特的伟大贡献在于使教学工作脱离陈规陋习和全凭偶然的领域。他把教学带进了有意识的方法的范围，使它成为具有特定目的和过程的有意识的事情，而不是一种偶然的灵感和屈从传统的混合物。而且，教学和训练的每一件事，都能明确规定，不必满足于终极理想和思辨的精神符号等模糊的和多少具有神秘性质的一般原则。他抛弃形式训练的理论，这种理论认为我们有许多现成的官能，可以通过联系任何材料得到训练。他十分重视具体教材，注意内容。赫尔巴特在注意教材问题方面比任何其他教育哲学家都有更大的影响，他用教法和教材联系的观点来阐明教学方法上的各种问题：教学方法必须注意提示新教材的方法和顺序，保证新教材和旧教材的恰当的相互作用（杜威，1990）[75-76]。

可见，在当时的条件下，虽然赫尔巴特为教育学引荐的"心理学"还算不上严格意义上的"科学的"心理学，但他在教育史上第一个明确地将心理学研究应用于教育以及教育学研究，这对后来的教育研究以及教育学研究的影响不可低估。而从他所设计的思维的形式阶段来看，也确实有不少科学的、合理的成分。

## 一、科学的思维方法的雏形

在赫尔巴特看来，学生在接受新事物时，总有一条明显的思维主线，即"明了—联想—系统—方法"。

从明了到联想，是一个进入"新旧知识相遇"的过程。赫尔巴特所说的"明了"，是专心地注意某种个别的事物。"静止的专心，只要是纯正而明确的话，是能够看清楚各个事物的。"（赫尔巴特，1989）[53]为了使学生真正明了个别事物，教学速度必须放慢一些，并尽量将教学内容分解为小步骤。"开始学习的人只能慢慢地前进，以最小的步伐前进最为稳妥；他必须在每一点上做必要的停留，以便能确切地理解各点。在他这样做的时候，他必须把自己的思想完全集中在一点上。因此，对于最初阶段的教学来说，教学的艺术首先取决于教师是否知道应把教学内容分解为若干极小的组成部分，以免不知不觉地跳跃了某些部分。"（赫尔巴特，1989）[220]

赫尔巴特讲的"联想"，是将眼前的个别事物与经验中另外的事物（原有观念）联系起来考虑。"当每一件相似的事物在人的回忆中重新呈现整体——同类体时，人总是只能在新的事物中看到旧的。"（赫尔巴特，1989）[53]而在新旧事物相互观照的过程中，联想起了作用。"从一个专心活动进展到另一个专心活动，这就把各种表象联想起来了。想象徘徊在各种联想中间，品尝着每一种表象的混合体，只是舍弃无味的东西。"（赫尔巴特，1989）[53] 赫尔巴特将这种从明了到联想的心理活动称为"专心"。"专心"是思考眼前的事物与先前的事物（经验）之间的联系，而一旦将眼前的事物与先前的事物（经验）联系起来，也就意味着学生在心中已经产生了某种关于新旧事物之间的关系，这种关系可以称为"假设"。

赫尔巴特讲的"系统"，是针对初步形成的新旧事物联系（假设）的进一步检查，使新旧事物处于恰当的位置。按照赫尔巴特的说法："它把每个个别事物看成这种关系的一个成分，并处在恰当的位置上。一种丰富的省思活动产生的最好的次序叫作系统。"（赫尔巴特，1989）[70] 也就是说，在"联想"中，学生只是初步形成新旧事物之间的联系；而在"系统"中，学生进一步考察"联想的前后一贯次序"（赫尔巴特，1989）[70]。学生可能由此而"理解"新旧事物之间的联系，此时他们对新旧事物的联系将更"清楚"，"不清楚各个事物也就没有系统、没有次序、没有关系。因为关系不存在于混合体中，所以只存在于既分开而又重新联合的各部分之中"（赫尔巴特，1989）[53]。

赫尔巴特讲的"方法"即"应用"（或练习），比如作业、写作与改错。赫尔巴特认为，"学生通过作业、自己写作与修改可以得到方法的思考练习"（赫尔巴特，1989）[221]。人们容易理解练习的种种作用，比如练习就是使学生应用所学的原理去解决类似的习题，这样可以加深学生对新知识的理解。但在赫尔巴特看来，作为应用、练习的"方法"的真正价值乃在于让学生在类似的情境中获得对新知识的理解、提升、抽象。"因为这里可以表明学生是否正确地把握主要思想，同时表明他是否能在附属的事情中看出这种主要思想来，从而也就表明他能否应用它们。"（赫尔巴特，1989）[221] 显然，"在附属的事情中看出主要的思想"也就是让学生在类似的情境中重复验证新旧事物之间的关系（假设）。

赫尔巴特将"系统"与"应用"（方法）一起视为"审思"活动，它是由"明了—联想"构成的"专心"活动的延续。他认为教学的步骤应该是一个从专心到审思的过程，"专心活动应当发生在审思活动之前"，必须使两者尽可能地相互接近，而审思又可变为新的专心，专心与审思必须交替进行（赫尔巴特，1989）[70]。

## 二、"传统教育"中的思维训练

赫尔巴特提出的"明了—联想—系统—方法"使教育工作成为一种具有"主动性"的、"自由想象"的过程。也就是说，作为"传统教育"的代表，赫尔巴特在构建自己的"普通教育学"时，已经实际地提出了发展学生的智力以及主动学习的问题。

### 1."明了—联想—系统—方法"中的思维训练

杜威也承认，赫尔巴特对心理的解释有着三个方面的教育意义。

第一，我们之所以有这一种或那一种心灵，完全是由于利用事物形成的。这些事物能引发这样或那样的反应，所引起的反应能产生这样或那样的安排。心灵的塑造完全是一个提出恰当的教学材料的问题。

第二，因为先前的表象构成"统觉器官"，用于控制同化新的表象，所以，先前表象的性质十分重要。新表象的作用是强化以前形成的组合。教育者的任务，首先就是选择恰当的材料以固定原来的反应，然后根据先前的处理所积蓄的观念，安排后来的表象的顺序。

第三，一切教学方法都可以规定几个正式的步骤，提示新的教学材料显然是中心一环。

在此基础上，杜威将赫尔巴特的教学步骤概括为三步：第一步是预备，以便唤起旧表象，使它上升到意识的表面，同化新的表象。第二步是使新旧材料之间发生联系。"在提示新的教学材料以后，跟着是许多新旧表象相互作用的过程。"第三步是运用新形成的内容，完成某种工作。"无论教什么，都必须通过这样的过程。因此，不论学生年龄大小，一切科目的教学完全采用统一的方法。"（杜威，1990）[75]也就是说，赫尔巴特的教学程序是基于"明了—联想—系统—方法"的心理学观察所设计的。

从赫尔巴特所理解的思维过程以及教学程序来看，他是重视学生的思维发展与主动学习的。但赫尔巴特究竟更重视知识传授还是更看重思维训练，无论在国外教育界还是国内教育界，一直存在分歧。

有人认为赫尔巴特是形式教育论者，如我国范寿康就断言赫尔巴特主张"各科之教授，氏所主持为新人文主义，则其重视形式陶冶自属自然"（范寿康，1928）。南京师范大学教育系编写的《教育学》一书也将赫尔巴特视为"形式教育派"的主要代表。而另外一些学者却不以为然，将赫尔巴特视为典型的实质教育论者。比如美国学者科尔认为赫尔巴特"注重的是心理的内容，而不是形式上的训练"（科尔，1935）[457]。我国也有学者从赫尔巴特反对官能心理学而提倡联想心理学的倾向出发，将赫尔巴特作为"实质教育论的主要代表人物"，并认为"实质教育形成于赫尔巴特时期，盛行于斯宾塞时期"（瞿葆奎等，1988）。

在我们看来，将赫尔巴特所坚持的心理学理解为联想心理学是有根据的，但并不能因此而推论赫尔巴特的教育主张属于"重视知识传授"的实质教育论一派。因为联想心理学在应用于教育时，既可以重视知识传授，也可以重视思维训练；既可以为实质教育提供依据，也可以为形式教育提供支持。而从赫尔巴特对"明了—联想—系统—方法"所做的论述上看，他已经实际地强调了某种思维训练以及主动学习的意义。

这种说法的理由如下。

第一，赫尔巴特明确提出要发展学生的智力，反对过多地让学生死记硬背。他坚持"对于教育性教学来说，一切都取决于其所引起的智力活动。教学应当增加而不是减少这种活动，应当使它高尚而不是变坏"。相反，"凡不能激发每个学生智力活动的一切，根本不会受他们重视，而也许会被视为负担"（赫尔巴特，1989）[215-216]。由此，他反对让学生长时间地忍受那些不能激起学生兴趣的学习。"假如体格要忍受这样多的学习，坐着不动，特别是常常徒劳无益地抄写各种教科书，以致迟早对健康造成危害，那么，就会削弱智力活动。"（赫尔巴特，1989）[216]

第二，在强调发展学生的智力时，赫尔巴特提出要让不同的学生得到不同的发展。"假如智力活动具有同样的性质，那么青少年同什么样的教学材料打交道，这个问题就显得无关紧要了。经验却得出相反的结论，它表明，人的天赋是千差万别的。"（赫尔巴特，1989）[216]既然如此，教学就不应该强迫学生千人一面地得到相同的发展。"与其使教学能够有助于改善青少年智力方面的差异，不如决心使教学做到多样化，并对许多学生都具有同样的多样化。"（赫尔巴特，1989）[216]

第三，在强调发展学生的智力时，赫尔巴特尤其重视让学生"自由想象"，即在"自由想象"中发展学生的智力。在解释"明了—联想—系统—方法"的思维过程时，赫尔巴特很重视学生的自由想象。他认为："有缺陷的联想通常存在于在学校学得的知识中。因为或者学习的内容中没有足够的力量使儿童产生想象，或者学习甚至于抑制了日常想象的运行，而智慧在各部分中停滞了。"（赫尔巴特，1989）[54] 在他看来，理想的教学就在于引导学生在"明了—联想—系统—方法"的进程中充分地展开想象。"它一下子可以展现广阔的场面，目光从猝然惊愕中收回、分散、合并、往返、凝视、停留、重新升起——然后出现触动，其他感觉参与进来，思想聚合起来，开始尝试，从中产生新的完形和激发起新的思想，到处丰富的内容以及在没有要求和强迫的情况下提供这种内容。"（赫尔巴特，1989）[63] 在赫尔巴特那里，这是教学期望达到的境地。在他所憧憬的理想的教学境地中，"想象"、"联想"、"智慧"、新旧事物之间的"关系"、"应用"、"尝试"、"产生新的完形和激发起新的思想"等成为教学关注的重要因素。

第四，在强调发展学生智力时，赫尔巴特重视学生的"主动性"。尽管他重视管理对教学的重要意义，但同时强调管理应以不压制学生的主动性为前提。也就是说，当教师在管理学生时，"会使他们在某种程度上处于被动，但这种被动性不应当压制他们身上较好的主动性，倒是应当激发起这种较好的主动性"（赫尔巴特，1989）[222]。赫尔巴特强调学生学习的"主动性"与他重视"多方面兴趣"有关系。他有时将"多方面兴趣"与"主动性"相提并论，提出"兴趣就是主动性。兴趣应当是多方面的，因此要求多方面的主动性"（赫尔巴特，1989）[222]。在他看来，教学的关键在于激发学生的兴趣，让学生被兴趣吸引而展开主动学习。"有时教师只需在某些事情上给学生以初步的推动，并继续注意引起他们的动机，给予他们材料，这样，他们就会自己进行学习，并且也许会很快摆脱教师的照料。"（赫尔巴特，1989）[74] 赫尔巴特甚至对那些过于束缚学生自由、使学生处于被动状态的"传统教学"提出了批评，认为"使听者仅仅处于被动状态，并强迫要求他痛苦地否认自己活动的一切方式，本身就是使人厌恶与感到受压抑的。所以一种连贯的讲课必须通过使学生始终保持急切的期待心理来激发学生"（赫尔巴特，1989）[78]。如果教师不能做到这一点，那么他就不要把课讲下去，由学生自己自由地发表意见。无论如何，"教师在必须确保正在进行的工作能顺利进行下去的范围内，可以给予学生最大限度的自由，这种方式乃是最好的方式"（赫尔巴特，1989）[78]。

在赫尔巴特那里，"主动性"将决定学生智力发展以及想象的性质。他将那种具有主动性的想象称为"自由想象"，而将受控制的想象称为"被唤起的想象"。他提出："有必要从心理学上区别被唤起的想象与自由产生的想象。被唤起的想象表现在重复所学习的东西方面，自由产生的想象表现在儿童的幻象与游戏方面。仅仅引向死记硬背的学习，会使大部分儿童处于被动状态，因为只要这种学习继续下去，就会排斥儿童通常可能具有的其他思想。然而，在幻象与游戏中，自由活动占优势，因此在那种相应的提供幻象与游戏的教学活动中，自由活动也占优势。"（赫尔巴特，1989）[222] 由此，赫尔巴特提醒教师在教学中应当注意他的学生是否在产生自由想象。"假如在自由产生，则可以认为学生是注意的，而教学本身是有趣的；假如不在自由产生，那么学生的注意若并非确实完全消失掉，在他们出现真正疲劳之前，仍可以迫使它保持一段时间"（赫尔巴特，1989）[222]，但赫尔巴特认为即使能够保持一段时间的注意，这样的教学也不能保证学生对未来有关内容的教学继续发生兴趣。

由此可见，在赫尔巴特的教学思想以及心理学思想中，发展学生思维的问题一直处于中心位置。就整个教育目的而言，赫尔巴特关注的是内心自由、完善、仁慈、正义和公平五种道德观念的培养，即他所理解的教育的根本目的乃是培养"性格的道德力量"。但正因为他将五种道德观念的塑造作为教育的根本目的，他才特别重视学生的思维发展，他坚信"愚蠢的人不可能是有德行的"：在考虑德行的概念时，我们必须记住，虽然教学应当产生的多方面的直接兴趣还远非德行，但是，反过来，最初的智力活动安排得越少，对德行的培养也就越少，特别是考虑不到德行培养可能具有的多样性（赫尔巴特，1989）[218]。而这也正是赫尔巴特一再强调的教育性教学的一条基本原理。按他的话说，"我得立刻承认，不存在'无教学的教育'这个概念，正如反过来，我不承认有任何'无教育的教学'一样，至少在这本书中如此"（赫尔巴特，1989）[12]。在这个意义上，发展学生的思维（或智力）成为培养"个性的道德力量"无法分开的整体。

### 2. "明了—联想—系统—方法"的变异

后人往往批评赫尔巴特不重视学生的主动学习，将他的教学理论等同于"接受学习"或"讲授教学"，杜威也认为赫尔巴特的教育学以及心理学理论的主要缺陷在于"忽视生物具有许多主动的和特殊的机能，这些机能是在它们对付环境时所发生的改造和结合中发展起来的"（杜威，1990）[76]。杜威认为它过分夸大了有意识地形成和运用方法的可能性，而低估了充满活力的、无意识的态度的作用。

在杜威看来，"赫尔巴特的哲学考虑教育的一切事情，唯独没有考虑教育的本质，没有注意青年具有充满活力的、寻求有效地起作用的机会的能量"。杜威认为，尽管一切教育都能塑造智力的和道德的品质，但是，"这种塑造工作在于选择和调节青年天赋的活动，使它们能利用社会环境的教材。而且，这种塑造工作不只是先天活动的塑造，而是要通过活动进行塑造"（杜威，1990）[76]。这也就是杜威所提倡的使教育成为一种经验的改组和改造的过程。

赫尔巴特的"明了—联想—系统—方法"原本注重学生思维的发展以及相关的"主动学习""自由想象"，而后人何以将赫尔巴特的教学思想指责为"接受学习""讲授教学"以及"忽视学生的主动性，低估了充满活力的、无意识的态度的作用"呢？其主要原因在于：他的教学思想被他的学生"过度解释"而形成所谓的"赫尔巴特学派"，以及大规模的班级教学所流行的集体教学，使之无法估计学生的自由想象和主动性。

在赫尔巴特出版《普通教育学》（1806）半个世纪之后，1862年曾经听过赫尔巴特教育学讲授的学生齐勒尔成了德国莱比锡大学师范研究班的负责人，从而形成了赫尔巴特学派的首领。1868年，他创建了《科学教育学会》杂志，出版教育年鉴，宣传赫尔巴特教育思想。1885年，齐勒尔的学生莱因接替了斯托伊在德国耶拿大学的教育学讲座与研究班，在他的努力下耶拿大学成为赫尔巴特研究的世界中心。在齐勒尔和莱因等人的努力下，赫尔巴特教育思想逐步走向通俗化和大众化。尤其在他们将赫尔巴特的"明了—联想—系统—方法"扩展为"准备—提示—联想—概括—运用"的五段教学法之后，赫尔巴特的教育思想对教育实践的影响越来越大。

但是，从赫尔巴特的"明了—联想—系统—方法"到其弟子发展出的"准备—提示—联想—概括—运用"，已经有了明显的变化。前者主要是对个别化学习的思维过程的一种形式阶段的大致描写，它既适用于赫尔巴特曾经做过的"家庭教师"式的个别教学，也适用于学校教育小班制度中的个别化教学。

也就是说，即使在班级教学中，赫尔巴特强调必须"使教学做到多样化，并对许多学生都具有同样的多样化"，在这样多样化（个别化）的教学中，才有可能让学生在"明了—联想—系统—方法"的思维活动中"自由想象"以及"主动学习"。但后者在应用于教育实践时，学校班级规模越来越大，一个班的学生人数越来越多，个别化教学基本为强调统一进度的大班制度的集体教学所取代，这时，学生的"主动学习"以及"思维发展"问题就面临严重的危机。

难怪有人感叹说，"只是经过赫尔巴特学派的改造，《普通教育学》原有的精神似乎黯淡了"（陈桂生，1998）。不过，《普通教育学》原有精神的黯淡主要是因为后来的班级规模越来越大，以至于个别化教学日益困难，而不完全是赫尔巴特弟子"过度解释"导致的。所以，杜威等人在指责赫尔巴特的教育思想不重视学生的主动性以及思维培养时，实质上是将赫尔巴特作为"传统教育"的替罪羊而加以批评。

其实，杜威等人与其说是在批评赫尔巴特的教育思想，不如说是在以之为借口而批评传统的集体教学模式。而从杜威开出的处方来看，他的整个反传统的"进步教育"主张，比如"做中学""问题教学法"或者"五段思维"等，基本上都是建立在"个别化教学"模式之上。

## 三、"五步思维"或反思性思维

赫尔巴特的"明了—联想—系统—方法"显然对杜威产生了影响。也许正是受了赫尔巴特的影响，杜威把自己关于思维过程的理论也概括为三要素：即事实、暗示过程和事实间的实在联系，并指出任何方法均有特殊事实的认识、合理的概括、应用与证实（张法琨，1983）。

后来杜威进一步提出"五步思维"，他称之为"反思性思维"（reflective thinking），也称之为"科学的思维"（杜威，1991）[88]。杜威的"五步思维"在教育史上具有经典的意义，被后来的教育研究者作为"五步教学"或"问题解决教学法"的五步而广泛引用。

"五步思维"的第一个阶段是"暗示"。当我们面临某种困境时，关于种种可能的行动方法的"暗示"也就随之出现了。思维总是起源于疑惑、迷乱或怀疑。疑惑、迷乱或怀疑出现之后，人们不得不提出某种暗示，暗示就是"制定某种尝试解决问题的办法，考虑对问题做出某种解释"。手头拥有的资料并不能提供解决问题的答案，它们只能提出解决问题的暗示。暗示从何而来呢？它凭靠人们以往的经验和可供自由使用的相关知识的储备。如果没有某些类似的经验，那么，疑难终究是疑难。

第二个阶段是"问题"。就是使感觉到的、直接经验到的疑难或困惑理智化，成为有待解决的难题和必须寻求答案的问题。

第三个阶段是"假设"。假设其实是对前面暗示的修正。先前的暗示是自发出现的，它自动地出现于人们的心头——忽然跳出，忽然出现，如同人们所说的"掠过心头"。第一个暗示的出现并不会受到直接的控制，它来自来，去自去，如此而已。第一个暗示的出现也不含有什么理智的性质。只有将暗示与实际要解决的困难、问题联系起来考虑，随着对问题的洞察和理解逐渐深入，逐步改正或扩展原来发生的暗示，这种暗示才变成确定的推测，用专门术语来说，这种暗示就可称为假设。

第四个阶段是"推理"。就是对一种概念或假设从理智上加以认真的推敲。

第五个阶段是"用行动检验假设"。即精心布置符合观念或假设要求的种种情境，从而审视这种观念的理论解释在实际上是否有效。如果试验的结果同理论的或推论的结果一致，如果有理由相信只有这种情境才能产生这种结果，那么，这种认识便强而有力。如果没有相反的事实表明要修正这种结论，那么，这结果就是可信的。

不过，若要具体地描写思维的步骤，反思性思维可能远远不止杜威所设计的五个阶段，因为暗示、假设等每一步思维都有分析、综合或观察的介入，且各个阶段的顺序也不见得很乖巧地依次出现。

杜威本人也承认（杜威，1991）[84-85]：

第一，"五个阶段的顺序不是固定的"。五个阶段并不是按一定的次序一个接一个地出现。相反，在真正的思维中，每个阶段都有助于一种暗示的形成，并促使这个暗示变成主要的观念或成为指导性的假设。它有助于明确问题究竟在何处，问题的性质究竟是什么，这种观念的每一次改进都可引导到新的观察。精心地提出假设并不一定要等到问题确定之后，任何时候都可以提出假设；检验也并不需要到最后阶段才进行，可以依照出现的结果，引导新的观察，做出新的暗示。所以"五个阶段只是一个大概的轮廓，是反省思维不可缺少的几个特质。实际上，它们中间有的可以两个阶段合并起来，有的阶段也可以匆匆地带过，而谋求结论的重担也可能主要地放在单一的阶段上，使得这一阶段看来似乎是发展不匀称的。怎样处理，完全凭靠个人的理智的技巧和敏感性"。

第二，五个阶段的每一个阶段均可展开。在复杂的情况下，五个阶段中的某些阶段范围是相当广泛的，它们内部又包含着几个小阶段。在这种情况下，哪些较小的功能被看作一个部分或被列为独特的一段，都是任意的。

看来杜威已经意识到自己所倡议的五个阶段只是一个大致的框架，并没有严格的先后顺序，也不是断定了不多不少正好五个阶段。按他本人的话说，关于数目"五"，"也没有什么特殊神秘的意义"。

倒是后来的好心的追随者过分抬举五个阶段，将"五"个阶段搞得不但特殊且异常神秘。

除了杜威所补充的两点之外，五个阶段的问题还在于，杜威谈论的暗示、问题与假设之间往往相互缠绕牵连。他的"五个阶段"透露了两条相互矛盾的信息：首先，五个阶段是独立的；其次，五个阶段中有些阶段是相互包含甚至是无法分开的。很多时候获得了暗示就有了问题意识，甚至暗示就是假设，是化解问题的一个初步方案。但后人在接受他的五个阶段时似乎一致地捡拾了第一条信息，而将第二条信息轻易地放过了，忽视了其中的暗示、问题与假设可能是同一个思维过程。

由此可以认为，杜威所设定的五个步骤虽详细却显累赘且不完整，反思性思维真正的核心不过是"假设—检验"，也就是他的学生胡适所提出的"大胆假设，小心求证"。这种"假设—检验"又后来被波普尔以"猜想与反驳"的知识程序巧妙地点破。

## 四、思维的一般步骤

人们常常看到杜威对赫尔巴特以及赫尔巴特学派的批评，却看不到两者在根本上的一致性。实际上，无论是赫尔巴特的"明了—联想—系统—方法"还是杜威的"暗示—问题—假设—推理—用行动检验假设"，它们都是对人类思维活动的一些共同要素的描写。这些共同的要素即"假设—检验"。

经过"明了—联想—系统—方法"等过程而发生的理解也就是赫尔巴特所谓的"统觉"。"统觉"是基于察觉或觉察之上的理解（翻译为"觉解"也许更合适）。人在经验中获得了一定的表象，于是在吸收新的表象时就依靠这种旧的表象来同化新的表象，形成表象体系或"统觉群"。发生"统觉"的过程也就是学生根据原有的经验"理解"新事物的过程。"统觉或掌握是通过以前获得而现在出现的表象产生的，特别（但不一定最出色）通过自由升华的表象产生。"（赫尔巴特，1989）[224] 杜威将这种心理学解释为："多种实际存在的事物作用于心灵，心灵不过是富有对这些事物做出反应，产生各种特性的能力。这些在性质上各种不同的反应，称为表象。每一个表象一旦产生，就持续存在；我们的心灵对新材料的反应就是产生新的、更有力的表象。旧的表象也许被驱至意识阀之下，但是，它的活动通过其自身固有的动力，在意识底下继续进行。所谓官能，如注意、记忆、思维、知觉甚至情操，都是这些被淹没的表象相互作用，及其与新表象相互作用所构成的种种安排、联合和复杂结构。"（杜威，1990）[74]也就是说，赫尔巴特的心理学实际上是将思维的发展视为新表象与旧表象之间相互作用的过程。

"明了—联想—系统—方法"关注的是新旧事物相互作用时所产生的心理活动，它可以算是"科学的思维方法"的雏形。

（1）"明了"是了解新出现的个别事物。它相当于出现某种新"问题"。学生头脑中思考的问题是"这是什么"。

（2）"联想"是将新出现的个别事物与经验观念中的原有事物联系起来考虑，初步形成新旧事物之间的某种暂时的"关系"。它相当于针对新问题初步提出某种"假设"。学生头脑中思考的问题是"它与某事物之间可能是如此这般的关系"。

（3）"系统"是明确刚才提出的关于新旧事物之间的假想的关系。学生头脑中思考的问题是"它们真的是这种关系吗"。

（4）"方法"是通过重复推广应用，进一步验证原来假想的关系。在整个"明了—联想—系统—方法"的过程中，"联想"乃是初步提出新旧事物之间的某种可能的"关系"，它实际上起着科学研究中的"猜想""假设"的作用。"假设""猜想"在科学研究中被认为是极其重要的步骤，而"假设""猜想"在赫尔巴特的整个"明了—联想—系统—方法"的思维过程中也受到特别的关注。

杜威的"五段思维"的主要步骤也是"假设—检验"以及"检验"之后的再"假设—检验"。"假设—检验"式的反思性思维不仅意味着教师需要持续地关注从学生那里发生的种种创造性思维的暗示，还意味着要追问暗示的由来并形成假设，在形成假设之后在后续的教学中观察学生的行为且采用相应的教学策略检验这些假设。也就是说，"假设—检验"中的"假设"实际包含了"获得暗示—确定问题"的思维程序，而"检验"实际蕴含了"观察—分析"的思维步骤。

### 1. 假设

假设一般被视为"解释"或"解决"问题的一个设想、计划或方案。确实，假设总是对问题的解释或解决，所有的假设都是对问题原因（解释）以及问题的化解（解决方案）的关注，是关于"为什么发生这样的问题"（解释）以及"如何解决问题"（解决方案）的估计和预谋。但事实上，假设又不仅仅是对问题的解释和解决，它也涉及对问题的"发现"和"猜想"。

比如，教师发现一个平时表现出色的学生忽然长时间地保持沉默，接下来教师考虑怎样解释并解决这个问题。一般认为，"学生沉默"是一个"问题"，而当教师忖度"学生父母的关系是否出现了矛盾以至于影响了学生的情绪"时，或者当教师怀疑"学生是否对自己身体的第二性征忽然出现而恐慌"时，这是对问题的"解释"；当教师设想"做家长工作可以缓解学生的精神压力"或"用适当的方式让学生了解青春期身体的变化可以消除学生的恐慌"时，这是针对问题提出的"解决方案"。"解释"与"解决方案"一起构成"假设"。将假设视为对问题的解释或解决问题的设想并不错误，但它很容易使人将发现问题作为独立于假设之外并发生在假设之前的一个步骤，忽视了"发现问题"也是另一种意义上的假设。

杜威的教育思路大体是清晰的，但他在暗示与假设等问题上有点含糊。他的"五个阶段"将发现问题、明确问题作为假设之前和暗示之后的阶段，就暗含了这样的错误。暗示与假设原本具有相同的性质，只不过暗示是一种松散的假设，假设是较正式的暗示，用杜威自己的话说，对暗示加以控制……，这种暗示就变成确定的推测，或者用专门的术语说，这种暗示就称为假设；杜威的另一个错误是将问题与假设分离，却忘记了明确问题的过程也是假设的形成过程。他在另外的地方也说，题目出得规范，答案有了一半。事实上，我们知道，问题恰好是与寻求答案同时发生的，问题和答案完全在同一时间呈现出来。在这之前，我们对问题的理解或多或少是含糊不清、没有把握的。这说明，杜威有时也承认明确问题的过程也是提出相关的假设的过程。

有人可能怀疑，假设虽离不开问题，但问题可以离开假设而独立呈现。而实际的情境常常是，如果问题不被人意识到，不进入人的意识和假设领域，或者说，如果问题不经由"假设"而成为"问题意识"，那么，问题就不成为问题。"学生沉默"并不是一个问题，它本身并没有意义，只有将某种现象与某种后果联系起来时，某种现象才成为问题。只有当教师设想"沉默可能导致某种后果"（比如长时间沉默影响学业成绩或心理健康发展）时，"学生沉默"才成为问题，且这个问题才称得上被"发现"。若教师没有设想"沉默可能导致某种后果"，那么，"学生沉默"本身不是一个问题，也不能称其为"发现问题"。"发现"并不是"看见"或"听见"，而是"思"和"想"，是"思考""判断"和"猜想"，直接说，"发现问题"意味着对某个现象的"假设"，发现是另一种理解和假设。所以，问题的发现与假设，实际是一个东西。

这些"假设"其实也是杜威所谓的种种"暗示"。暗示不过是将两件事联系在一起做因果关系的考虑（假设也是因果关系的考虑）。乌云密布与下雨之间的联系是一种暗示。在经验中，没有绝对简单的、单一的和孤立的东西，所以暗示总是随时随地隐藏在我们的身边。但由于某件事物一旦被视为中心，其他事物就被遮蔽而变得暗淡模糊。不善于反思者将只看到中心，无法想象中心之外被遮蔽的边缘。善于思考者则可能将那些进入中心视野的某种事物或事件与周遭的事物或事件联系起来，于是获得一些相关的暗示。

可见，暗示就是将中心与边缘勾连而获得的因果联系。获得了教学中的暗示也就是找到了教学中的某些因果联系。将学生沉默可能与学生父母的吵架或闹离婚有关就是一种"暗示"。学生在学校受了同学的欺辱而情绪受阻，或者，学生平时总是出于竞争而不是出于兴趣投入学习，因此尽管成绩优秀却担忧自己的前途和发展方向，等等，这些是系列的"暗示"，也是系列的"假设"。

问题在于，满足于习惯性思维的教师会对教育中大量的因果联系视而不见，暗示很少发生。乐于反思性思维的教师会迅速及时地由此及彼发生联想，敏感地意识到事物、事实之间的因果联系，而且由一个因果链引起另一个或更多的因果链。

但因果链似乎并不容易被发现和确定，因果链的不确定性往往使人处于迷惑、困顿的状态之中，使形成假设成为一件艰难的尝试。而正是迷惑、困顿将人抛掷到艰难而高级的反思性思维中。反思性思维出于解决疑惑的需要。"思维起始于可称为模棱两可的交叉路口的状态，它于进退两难中任选其中之一。"（杜威，1991）[10] 如果没有解决疑难问题或克服困难的需要，则暗示的过程必流于胡思乱想；如果我们的行动顺畅无阻地从一事物进行到另一事物，或者我们任意想象，在幻想中求得欢乐，那便不需要反思性思维。可是，当我们树立一种信念而遭遇困境或障碍时，便需要暂停一下，在暂停和不确定的状态中试图寻找某个立足点，去审视补充的事实，寻找证据，从而判定事物彼此之间的联系，确定事物之间的因果链条。

因果链条就是暗示吗？是的，它也是假设，是针对问题的假设。假设总是与问题一道出场，共同亮相。暗示是对假设的另一种理解。而无论是问题还是假设或暗示，只有等到进入了检验，才有教育或科学研究的意义。即使经过检验被证明是错误的假设或暗示，或者被查明是虚假的伪问题，这样的问题、假设或暗示也具有科学或教育的价值。否则，问题、假设或暗示不过是一堆无意义的与人无关的"事物"和"现象"，不构成与人的活动有关的"人事"和"事情"。（赵汀阳，1998）[52-56]

## 2. 检验

真正使教学中的问题发生意义，使教学中的现象成为有意义、有价值的教育事实，还需要做进一步"检验"。问题与假设只有进入了检验的程序，问题才成为问题，假设才成为假设，问题与假设才获得最后的意义。这就是所谓的"事实是我们做出来的事情"，"做事造问题"。

这也就是杜威所强调的"理解事物的意义"（杜威，1991）[113]：

一种观念在得到理解之后，这样的事件或事物便有了意义。理解了的事物才是具有意义的事情。它既不同于存有疑问的和仍未获得意义的观念，也不同于单纯的没有感觉到的物质的东西。

我们在黑暗中被某种东西绊倒了，而且受了伤，但是不理解那是由什么原因造成的。就此而言，它只是一件事物，一件这样或那样的事物。如果有一点点光亮，又经过调查研究，发现那是一把凳子或一块木柴，那么，它就是一种已知的事实（人被凳子绊倒），是一种被理解了的事情或一种有意义的事情。

但检验并非只是简单地检查思考假设在语法或逻辑上是否成立，也不仅仅只是思考某个特定的暗示是否真实，真正的检验是对假设做"持续性"的、"批判性"的考察，而且最终一定是"经过行动"的考察。"批判性""经过行动"和"持续性"是检验的特性。"批判性"考察意味着教师不得不在多种暗示之间做出选择，对已有的假设不断地质疑追问。

习惯性思维之所以是习惯性思维，因为那些沉浸在习惯性思维中的教师往往在获得简单的情境暗示之后就轻易地放弃了进一步思考的努力。或者，一些教师发现两件教育事件相伴发生就以为得到了某种暗示，却不顾其中有些暗示只是在某种程度上反映了真实的联系，但这种联系既不深刻也不全面。比如，学生个性的内向与学生的成就，教师的严厉惩罚与学生行为习惯的改变，对知识点的关注与学生的创造性思维，这些松散的联系可能被简单地强化，被紧紧地钉牢在具有习惯性思维的教师心中。

习惯性教学的危机还在于，日常教学经验和习惯总是充满了大量表面的、浅薄的甚至错误的暗示。比如，教师可能将知识训练与学生的学业成就联系起来，忘记了知识不过是一种手段，手段所指向的根本目的系于学生的思维发展并获得自由的另一端。教师可能将学生的厌学与学生的情绪联系起来，忽视的是教师的教学方式的沉闷与武断或者其他。教师也可能将学生的踊跃提问与学生的思维发展联系起来，忽视了学生可能只是为提问而提问，以便迎合教师的期望，但这种迎合与发展学生思维的深刻性并不相关。在一个以举手活跃为目标的课堂教学中，可能恰恰是那些喜欢沉思的学生发展了自己的思维。

因此，由一件事联想到另一件事尽管意味着教师获得了某种暗示，但这种暗示只有经过检验才能被给予科学的含量。反思性思维与习惯性思维的不同正在于前者进一步寻找资料、确证自己获得的暗示，后者放弃了检验的努力。

"经过行动"关注的是教师不得不通过进一步的后续教学来观察学生的问题发生的由来。尽管它并不排除查阅已有的教育文献寻找类似的教育问题的案例，但这还不是"经过行动"验证的全部，"经过行动"验证的关键性意义，在于反思性教学中的"假设—检验"策略不同于一般的科学研究。

一般的科学研究唯一关注的是假设是否得到证实或证伪，一旦假设被大量的事实重复证实，或者大量的观察结果一再显示原来的假设不成立，就意味着此项科学研究的终止和结题。而且，科学研究有时完全可以通过观念与命题之间的相互说明得到检验。比如，数学就可以通过观念与观念之间彼此相互作用来进行推理，而不需要凭借感觉的观察。"在一条直线外的任意一点作一条平行线，这两条线永远不可能相交"就可以不"经过行动"。

而教学中的反思性思维所操作的"假设—检验"，除了在"证实或证伪"意义上与科学研究相同之外，还有一个更重要的额外的关怀：它需要采取相关的教育或教学行动改变学生的思维或其他教育问题。反思性教学若经过"假设—检验"的程序发现了"学生沉默"的原因在于学生父母的长期争吵，反思性教学并没有到此终结。接下来的事情是采取相应的教育行动解决"学生沉默"的相关问题，让相关的教育行动进入学生的家庭。但"让教育行动进入学生家庭"显然已经涉及另外一个问题或假设，即怎样教育学生的家长。

由一个问题进入另一个问题，一个课题引出另一个课题，正是反思性教学的特性之一。"持续性"也就意味着反思性思维中的问题总是不断地呈现，一个问题往往只能获得大致的化解而不可能一次性地解决，而且原有的问题淡出了，新的问题又会凸显，问题与问题之间总是源源不断或接踵而至，永远没有平息的时候。

问题的不间断性决定了教师的教学不得不"持续性"地处于反思中，在反思中教学，在反思中思维。这也就是我们所强调的，检验是对假设展开"持续性""批判性"和"经过行动"的考察。正是对假设进行持续性、批判性和经过行动的检验，构成了反思性思维的一般过程。

# 第三节　思维教学的其他相关研究

关于思维教学的研究，欧美国家早在 20 世纪初期就取得了丰硕的成果，特别是进入 80 年代之后，美国掀起了声势浩大的思维教学运动，有关思维教学的研究随之进入空前繁荣时期。越来越多的心理学家、哲学家和教育家参与到思维教学研究中，许多学校开设单独的思维课程或在学科教学中强调对思维技能的训练，同时大量的思维训练项目在教育教学实践中如火如荼地展开。本节从七个主题对已有研究及主要观点进行梳理和述评，并对进一步的研究发展提出几方面思考。

## 一、思维教学的两种基本形式

在国外思维教学的研究和实践中，主要存在两种基本的思维教学形式或模型。

第一种为独立式思维教学，即在常规课程之外增设一门单独的思维课程，以教授一般思维技能为目标，通过系统的教学和正规的训练，对学生进行专门的思维能力培养。德·波诺在此方面进行了开创性的探索，认为"思维是一种可以通过不断的学习而被逐渐掌握的技能，……通过训练来养成思维习惯和获得适用于任何学科领域的思维技能是可以做到的"（Edward de Bono，1982）[703-708]，他开发的CoRT思维训练教程在全世界得到了非常广泛的应用，有一些国家将其作为中小学必修课，纳入学校的教学计划之中。

第二种为渗透式或融合式思维教学，又可分为跨课程的思维教学和特殊学科的思维教学。跨课程的思维教学将思维训练融合在各学科教学中，在教授学科内容的同时培养学生的思维能力，强调思维训练与各学科教学的统一（Beyer，2008）。特殊学科的思维教学是在某些学科（数学、物理、历史和地理等）中进行思维训练。这种形式倾向于认为诸如数学、物理等需要高层次思维参与的学科更有利于培养思维能力，而事实性知识占主导的科目不宜作为培养思维的材料，因此倡导在特殊学科中进行思维训练。持该种观点的麦克佩克认为，"思考通常是指思考某些具体的对象，不存在一般的适用于各个领域的思维技能，因此思维教学的唯一途径是通过学习某个学科领域的知识内容及其方法来提高思维技能"（McPeck，1990）[43]。

## 二、思维课程的开发与设置

专门的思维课程大多来源于实践中非常盛行的思维训练项目，如弗瑞斯坦的丰富工具（IE），德·波诺的 CoRT 思维训练教程，李普曼的儿童哲学以及认知加速（CA）等。这些思维课程发展较完善，结构性强，提供教师培训并且有追踪的课堂效果评估，在全世界已得到广泛的应用，许多国家和地区将它们作为中小学的一门必修课或选修课，进入学校的教学计划。

相比较而言，渗透式思维教学强调在教授学科知识内容的同时培养学生的思维能力，对于此类课程的开发，研究者认为应当遵循七个原则（Schiever，1991）[58-76]。

第一，学生应当同时学习课程内容和思维过程；

第二，课程内容是有意义的并且具有适当的深度和广度；

第三，事实性知识应当是为阐释主要观点和树立观念服务的；

第四，课程中的观点和内容应当按照其复杂性和抽象性进行排列，认知的过程也应当按照思维严密性的增加进行排序；

第五，课程的内容和程序应当与学生的经验和兴趣相符合；

第六，课程应适当平衡以容纳不同的学习模式和类型；

第七，必须制订一个评价计划使它成为完整课程的必要组成部分。

这些原则传递了学科知识的教学应以学生思维能力的培养和发展为目标的理念，并阐明了课程内容应当如何安排才能为思维训练提供充分的空间，强调课程内容在传递知识的同时要成为思维训练的有效材料，同时从课程开发的视角为知识教学和思维能力培养相互融合渗透指明了方向。

### 三、思维教学的策略和方法

教学策略和方法的选择直接关系到思维教学的效果。因此思维教学的策略和方法始终是国外中小学思维教学研究的重要问题，有关这一方面的研究文献也颇为丰富。被公认为有利于发展学生高级思维的教学策略主要有以下几种。

第一，对话式教学策略或以思维为基础的问答策略。这种策略由美国心理学家斯滕伯格提出，他倡导，"鼓励课堂讨论和师生互动，教师提出问题以刺激学生的思维和讨论，并评价或补充学生的发言，甚至扮演魔鬼代言人的反面角色，对个别问题追根究底"（Sternberg et al., 1996）[54]。

第二，"强有力的教学策略"。该策略由一组具体的教学方法组成，主要包括："发现不同""生活图表""生活地图""禁止""学习的前馈和反馈"（Higgins，2001）。利特和希金斯认为这些"强有力的教学策略"有助于课堂实践向高层次学习转变，并且已在英国的思维教学实践中广泛应用。

第三，思维教学的四步策略：（1）让学生熟悉问题，找出方向；（2）组内解决问题，学生在小组内协作，确定并解决问题；（3）组间解决问题，学生跨组讨论如何解决手边问题；（4）个人解决问题，学生独立工作。（Sternberg et al., 1996）[103] 这个教学模式已经被成功地应用在各类学校的各种智力发展教学中。

第四，加速认知策略（cognitive acceleration），该策略主要在借鉴皮亚杰和维果茨基相关理论基础上形成。包括三个要点：（1）创设问题情境，激发学生认知冲突；（2）通过小组合作，促使学生围绕问题产生社会性建构；（3）形成元认知。（Tornero，2017）由于这个教学策略的有效性，目前在多个国家课堂中被教师广泛采用。

第五，美国教育家巴里·拜尔提出的两种行之有效的思维教学策略：第一种，教师通过直接讲授，提供详细的讲解和逐步示范思维的策略、过程、方法、规则，来教授思维，让学生知晓某一种思维技能在何种情况下该如何应用，进而通过学生的反馈来帮助学生培养思维技能；第二种，在某种具体学科中教授学生某种思维技能。（Beyer，2008）

在微观操作层面，促进学生思维发展的教学方法和手段有以下几种。

第一，提出高层次、开放性的问题，延长提问后的等待时间（Marzano，1993）；

第二，像"教练"一样教学生，扮演魔鬼代言人（Ruggiero，1988）[101]；

第三，小组合作学习，鼓励学生小组合作，共同分享，同伴互助（Bennett et al.，1996）[35]；

第四，引导课堂讨论，尊重学生，真诚地倾听并对学生的表现做出回应（Schiever，1991）[98]；

第五，在课堂中培育思维文化，营造积极的、鼓励思考的课堂氛围，使思维明晰化，开发一种讨论思维的语言，重视高层次知识，教会学生思维迁移等（Tishman et al.，1994）[58-70]。

## 四、思维教学中教师的角色及影响

思维教学的效果如何，很大程度上依赖于教师在思维教学实践中所扮演的角色。当然，思维教学实践反过来也会对教师的理念和行为产生影响。

在思维教学实践中，教师通常扮演的角色有：（1）教练（coach）。"由于技能只能通过练习获得，所以要教会学生思维就必须改变学生在学习过程中的消极状态，而要实现这一转变就必须使教师从'讲授者'（lecturer）转变为'教练'。"（Ruggiero，1988）[97-98]（2）调停者（mediator）或引导者。"教师主要以两种方式充当调停者和引导者的角色，即他们一方面引导学生进行专业知识的学习，同时给尚处在发展阶段的新手们提供基本的社会支持。"（Rosenshine et al.，1994）

与教师所扮演的角色相适应，教师在思维教学中应发挥的作用有："教师要鼓励学生自主学习，改变学生过于依赖教师讲授和课本的习惯；营造一个有助于创造性思维和批判性思维发展的课程氛围，允许学生犯错，鼓励学生勇于探索和创新；不断向学生提出一些符合他们智力发展水平的有挑战性的问题，给予学生足够的思维时间，在必要时及时给予帮助；鼓励学生应用所学的思维技能。"（Ruggiero，1988）[97-98, 205-210]

与此同时，思维型课堂教学理论强调课堂教学中教师和学生积极主动的思维，同时重视教师和学生的作用——这是一种"双主体"的师生关系。由于教学活动中教的活动和学的活动是不能分离而独立存在的，教是为了学，学则需要教，二者互为条件，失去了任何一方，教学活动都失去了存在的意义，因此，教师和学生在教学中都是能动的角色和要素，他们互为主体，互相依存，互相配合。师生这种统一的关系，推动着教学过程的向前发展。（林崇德 等，2010）

思维教学与传统的照本宣科式教学有很大不同，它要求教师成为一个促进者而不是一个教学者。这种角色的转变对教师的现有能力构成挑战，给教师带来一定程度的紧张感。正如一位教师在准备一堂关于他（她）曾教过多次的一个话题的思维技能课时所说的，"现在每次上课前我都必须思考我提出每个问题的目的是什么"（Zohar，1999）。此外，教师好的问题、学习任务设计，具有一定讲故事的能力，学习资源之间联系有逻辑性和趣味性强等，都可以激发学生的学习积极性，促进学生思维发展。（祝智庭 等，2018）

思维教学对教师带来的益处是明显的，研究者普遍认为主要表现为以下几个方面。

第一，教师课堂提问的技能得到很大改善，教师开始倾向于提出更多更具开放性的问题，在要求学生做出回答之前给予学生更多的思考时间。第二，教师营造鼓励学生参与讨论的课堂氛围的能力得到了提高。第三，了解学生的思维以及课堂的积极反馈极大地增强了教师和学生的自尊。第四，教师在课堂上成为一个学习者，与学生有更多的共鸣。第五，通过在课程教学中融入思维技能，教师重新获得了专业自主感，因为他们在课堂上可以主导教和学，这是一个重要的激励。第六，思维教学为激励和支持教师专业发展提供了一个有效的途径。（Baumfield，2006）

从这些阐述中不难发现，虽然思维教学对教师的能力和素质提出了挑战，但是对转变教师自身的思维、改进教师的教学技能以及促进教师的专业发展都是非常有意义的。

实施思维训练首先要考虑的是教师进行思维教学的能力，研究者提出了许多措施来帮助教师提高思维教学技能，如：为教师提供思维教学方面的职前和在职培训；为教师提供思维教学方面的书籍、影音材料供教师学习；在学校成立思维教学小组，教师同伴互导，分享好的实践做法；在学校建立交流中心，收集和宣传思维教学的研究进展，使教师有机会学习其他成功的思维教学的方法和材料；给予资金支持并关注和支持教师专业发展。

## 五、思维教学的政策和制度支持

思维教学的实施和推广除了需要开发有效的思维课程，提高教师思维教学的技能之外，还需要政策和制度支持方面更为根本性的保障。20 世纪 80 年代，美国国家科学委员会、大学委员会、教育委员会以及美国教师联盟等都强烈呼吁将思维教学作为学校改革的必要部分。为了回应这种呼吁，美国督导与课程开发协会出版了专门用于介绍推广各种提高思维能力项目的集刊。美国的一些州（如佛蒙特州）已将批判性思维技能训练项目引入中小学教学中。而英国也于 2000 年将思维技能纳入国家课程当中（DfES et al.，2000），如"地理学科要为学生提供提高思维技能的机会，要强调地理探究（geographical inquiry）的过程并帮助学生评价信息和反思他们自己的学习"（Higgins，2001）。在此政策下，英国教师采取不同的方法进行思维教学，使得英国学生的思维能力得到大幅度提升（Jones，2008；Moseley et al.，2003；Higgins et al.，2005）。除此之外，英国国家课程明确列出了一系列思维技能，包括"信息处理""推理""探究""创造思维""评估"等，并将其作为培养目标。从总体来看，英、美等一些发达国家已经把对学生思维能力的培养上升到教育政策的层面，通过政策和制度的保障来推动思维教学实践的发展。

除了政策方面的支持，研究者还认为教育管理者，比如校长，也应该为思维教学提供多方面支持："管理者应当了解思维教学及其必要性；应当为思维教学的成功积极创造条件；采取适当的激励措施激励教师进行思维教学以及对思维教学中的领导者有正确的认识；应当帮助教师处理思维教学引发的问题以及当出现争议时承诺支持教师；应当确保正确地进行思维训练评估；应当把思维教学放在优先地位，在教学管理中给予足够的强调；应当向社区宣传思维教学以获得他们的支持。"（Ruggiero，1988）[201-210]

随着信息时代的到来，利用计算机辅助思维教学也引起了一些学者的兴趣。最初计算机被作为一个程序化的教学机器直接用来教授学生的知识和技能，这种方式遭到皮亚杰等建构主义者的批判，他们提出应将计算机作为思维技能训练的工具和环境。休斯通过对利用计算机来提高思维技能的研究发现，将计算机作为助教（tutor）与将计算机作为工具来培养思维技能之间存在明显的区别。库克进行了相似的研究，认为这两种将计算机在思维技能训练中的作用概念化都是不充分的，他提出了第三种方法，即将计算机作为一个"中介手段"来促进学生的思维开发。威格瑞夫在分析了利用计算机支持思维教学的这三种方式的基础上，提出采用对话的方法来进行计算机支持合作学习（computer-supported cooperative learning，CSCL）更有利于提高思维技能（Wegerif，2007）[159-160]。总之，对计算机在思维教学中的角色和作用的研究已经引起了越来越多学者的兴趣，如何发挥计算机的中介作用为思维教学提供便利和支持成为信息时代思维教学研究的一个新的领域。

## 六、STEM 教育对学生思维培养的价值

STEM 教育的快速发展，被认为是 21 世纪教育领域的一项重要变革。STEM 教育并不是科学（Science）、技术（Technology）、工程（Engineering）、数学（Mathematics）四门学科的简单相加，而是强调多学科的交叉融合，综合运用多学科知识和思维解决实际问

题，对于培养学生的思维能力具有重要意义，成为近年来国内外学者关注的焦点话题。（Asghar et al., 2012；Castledine et al., 2011；李幸 等，2019；领荣 等，2019）

STEM 教育具有跨学科特性和问题解决导向，是培养学生思维的重要载体。STEM 课程的核心特征是跨学科性，教师教学的重心放在特定问题上，以多学科融合来促进学生解决实际问题能力的提高。STEM 跨学科概念是对学科领域知识共通性的高度凝练，将其引入 STEM 教育中，可以打破学科间的壁垒，实现课程的深度融合和创新教学，从而利于培养学生的思维能力。（张屹 等，2020）基于此，学者围绕如何通过 STEM 课程培养学生的思维进行了探究。

STEM 教育与学生创新思维的培养。首先，寻找教材中适合创新思维培养的切入点，构建教学新设计，设置保效增值的评价量规，挖掘教学资源的最大价值；其次，遵循认知规律，在教学过程中注重引导学生体验，进行创新方法指导；再次，以跨引领，抓住各种契机，对学生进行深层多维创新思维训练。（吴逢高 等，2020）

STEM 课程与学生计算思维的培养。研究以 STEM 学科内容为核心，以基于设计的教学为基础，实践计算思维的基本概念与原则，培养学习者的复合型计算思维能力。具体教学设计与实施流程为：第一，鉴定、理解问题情境，初步形成问题解决的能力；第二，学习与收集相关知识，分析、评价并建构知识体系，初步形成批判性思维；第三，开展头脑风暴，设计产品，促进创造力；第四，联通物理与信息世界，利用 Scratch（编程工具）构建原型，促进算法思维培养；第五，迭代测试智慧小灯，完善产品，培养批判性思维；第六，分享与评价产品，在交流过程中提升协作思维。（李幸 等，2019）

## 七、思维教学中的争议及问题

在国外中小学思维教学研究中，对思维教学的必要性以及思维能力培养的重要意义和价值早已达成共识，但对思维教学到底应该教什么、思维能力应该如何教授才真正有效等问题还存在不小的争议和分歧。

第一，思维教学应该教什么？

对这一问题的争议主要集中在是否存在一般思维技能的疑问上。学者们主要从哲学和心理学两个视角对一般思维技能的存在提出质疑。麦克佩克认为，"思考通常是指思考某些具体的对象，不同的学科领域有不同的'生活方式'和独特的逻辑，因此企图教会学生一般思维技能是没有任何意义的"（McPeck，1990）[43-45]。希尔斯也持相似的观点，"一般批判思维技能的教学是一个严重的错误，它会导致肤浅的学习"（Hirsch，1987）[56]。在英国，对一般思维技能的这些质疑得到了哲学上的认同，即费舍尔在报告中所指出的："对一般思维技能的探索是无用的，因为可以证明思维技能是不能被一般化和进行迁移的。"（Higgins et al.，1998）[391]

心理学视角的反对观点认为：学习存在于一定的文化背景下，并提出了与"中央处理模型"相对的"具体学习模型"，认为思维技能存在于"文化工具系统"中，在一种文化背景下学到的思维技能只能与该种文化背景相关。因此正如西蒙所认为的，"任何问题的解决都需要大量具体领域的相关信息，将思维过程与背景知识相分离是没有用的"（Wegerif，2007）[161-163]。

针对这些质疑，史蒂文和维维恩提出了三个论点为一般思维技能进行辩护：第一，否定一般思维技能的先验论隐含着明显的自相矛盾；第二，知识的领域理论并不一定表明，如果思维是针对某些对象的，那么这些思维的对象就属于特定领域；第三，认为善于思考的人仅仅使用了更多细节知识而不是一般原则的观点需要重新考量。（Higgins et al.，1998）[391-397] 马扎诺对教育内涉及 1237000 个主题的 4000 项干预研究进行了元分析，发现关注于元认知（思维教学与学习的策略）水平和自我系统（学生是如何认识作为学习者的自己）水平的干预在提高学习成绩上最为有效，这项研究也为采用元认知策略成功教授思维技能的可能性提供了有力支持。（Wegerif，2007）[205-210]

关于是否存在一般思维技能的这一争论一直贯穿于思维教学发展的过程，同时也直接引发了独立式和渗透式哪种思维教学更为有效，以及思维是否可以迁移的争论。

第二，思维应该如何教？

思维究竟应该采用怎样的教学方式和策略，有关这一问题的争议主要集中于独立式思维教学和渗透式思维教学哪种方式更为有效。从已经被证明为非常成功的思维教学项目来看，使用这两种教学方式的效果几乎难分伯仲。有关文献中，一部分研究者明确支持将思维技能融入常规课程之中［如布兰斯福德（Bransford）、鲍姆（Baum）、高富（Gough）等］，另一部分研究者［如弗瑞斯曼（Freseman）、马修斯（Matthews）、帕高（Pogrow）］则支持独立的思维技能教学，还有些研究者认为两种教学形式各有其独特性和有效性，应该将两种方式结合起来。如弗瑞斯曼认为："思维技能在应用到内容领域之前需要进行直接的教授……。在直接教授思维技能之后马上将其应用于内容领域是非常有效的。"（Freseman，1990）[320-842] 德·波诺也表达了相似的观点："最理想的情况是，首先进行思维理论的教学，然后在纯思维的环境里进行一些技巧方面的练习，最后试着将

这些技巧应用在地理、历史等各个领域当中。"（Edward de Bono，1982）[226]

这些争议及分歧表明，思维教学研究中尚有一些亟待解决的问题，至少表现在两个方面。

第一，思维的迁移。"不管采取何种思维教学形式，超越内容的思维迁移都是问题的核心所在。"（Bransford et al., 1999）[45] 一方面，如果教师选择使用一种专门的思维课程，那么他们将很快面临思维迁移的困难，如何保证学生将所学的一般思维技能应用于具体问题的解决中？另一方面，如果将思维教学根植于特殊的学科领域，那么如何促使学生将这些技能与学科内容相分离并且将这些技能更广泛地应用到其他情境中？如果思维被固化在思维教学的具体内容领域，而不能灵活地迁移到其他新的内容和领域，那么思维教学的意义何在？这是思维研究中亟须解决的问题。就所获取的资料来看，有关思维迁移的研究较少，有些思维训练项目提出了一些方法来促进思维迁移，其中发展元认知的策略被认为是促进思维迁移的有效方法，但这些方法的有效性和适用性尚未得到充分的验证。

第二，思维技能及思维教学的评估。思维是非常复杂的过程，难以对其进行测试。但是如果没有评估，又该如何知道是否成功地帮助学生掌握了思维技能，又如何改进思维教学？这一问题一直困扰着思维教学研究者。德·波诺指出："最理想的思维检测方法，是构建一套具体而明确的模式，然后用这些思维模式作为评定思维能力的基础——让一位训练有素、经验丰富的模式识别人根据这个模式进行测试。"（Edward de Bono，1982）[308] 但目前仍然没有一套标准化的模式或工具系统地评估学生的思维技能以及教师思维教学的效果。开发较高效度、信度和适用性的思维评估方法是中小学思维教学迫切需要解决的问题。

## 八、进一步研究的展望

基于以上研究及观点和结论，我们认为，有关思维培养、思维教学的下一步研究需要关注并回应以下议题。

第一，对思维及其教学开展多学科多角度的研究。由于思维教学是一个涉及多学科的概念，其研究已经不再只是某学科研究者的专利，而是呈现出多学科、多角度齐头并进的研究态势，这为思维教学研究的进展起到了巨大的推动作用。

从已有的研究来看，心理学关于思维教学的研究多侧重于思维的特性、过程和机制，并在此基础上探究思维教学的规律与策略。从格式塔心理学派的顿悟说到结构主义心理学倡导的发现学习，都是在细致分析人的思维过程的基础上提出并建构相应的教学理论。国内的心理学者也基本遵循了相似的研究路径。比如林崇德提出思维的"五品质说"，认为"深刻性、灵活性、独创性、批判性和敏捷性是完整的思维品质的五大组成因素"（岳晓东 等，1999），在此基础上形成自己有关思维教学和思维训练的主张。即使是直接探讨思维型的课堂教学，心理学研究者也将其建立在思维结构的智力理论的基础之上，如温寒江等建立"三棱结构"的思维心理结构模型，进而提出"认知冲突""自主建构""自我监控""应用迁移"等思维型课堂教学的基本原理（温寒江 等，2001）。

在哲学领域，则往往从对思维进行概念辨析和对思维的类别进行细致梳理与澄清的角度切入。另外，关注思维与逻辑之间的关系，考虑思维的培养机制，也是哲学关于思维教学研究的重要视角。如中国人民大学哲学系的陈慕泽、南开大学哲学系的崔清田、中山大学逻辑与认知研究所的熊明辉、延安大学法政学院的武宏志都对非形式逻辑与批判性思维、批判性思维与逻辑教育教学进行了研究。（陈慕泽，2002；崔清田，2003；熊明辉，2006；武宏志，2003）

教育学者则更为具体地偏重于从课程、教学改革的实践等视角对思维教学进行研究，提供了更为具体、微观、具有操作性的策略和思路。不同学科基于不同视角所开展的研究，有力地推动了思维教学研究的拓展和深化。

未来的思维培养和教学研究，更应该从多学科融合的视角，尤其是基于信息时代、智能时代新的发展趋势和需求，将脑科学、神经科学、信息技术、人工智能等领域的研究成果对思维开发及训练有可能带来的影响结合起来，在学科交叉和融合方面生发新的研究生长点。

第二，关注对思维课程开发与实施的研究。教学要真正以发展学生的思维为重要目标，思维培养的学科化或课程化是基本前提。然而，有关思维课程开发的研究恰是薄弱环节，这成为制约思维教学进入课堂、落实到课程实施不容忽视的一个方面。这一点，在中小学校本课程开发如火如荼，以培养学生创新精神和实践能力为宗旨的校本课程数量不断增加、门类不断齐全的当下教育实践领域显得尤其突出。思维课程不是一门因为教学时间尚且允许而充塞到本已拥挤不堪的教学计划中的课程，也不是一项在所谓的基础已经掌握之后开始的教学程序，更不是只为少数天才学生和一定能够考上大学的学生而开设的。思维课程需要这样一种理论认知，即所有真正的学习都离不开思维，每一个人的思维能力都可以经由训练和培养而得到提高，因而所有的教学计划必须重新改革和构建，从而使得思维培养能够渗透到学生从幼儿园开始的全部教育教学生活中，渗透到所有学科中。

任何学科都对思维能力的培养具有特殊的意义和作用，然而也都包含着无法克服的缺陷和不完整性。在知识性的学科中，教师和学生往往容易把注意力放在积累知识上，而疏忽了思维能力的培养和发展。对于这些学科，教育的目标常常似乎只是让学生成为所谓的"无用知识的百科全书"，认为让学生掌握"无所不包的原理"才是当务之急，而培养心智乃是低劣的、次等的事。而专门的思维课程似乎也有另外一种危险，即容易形式化、机械性。"纯粹的模仿、采用指定的步骤、机械式的练习，均可能最快地取得效果，然而，对反省思维能力的增强，却可能铸成不可挽回的错误。学生们被命令去做这种或那种具体的事情却不知道任何道理，只是为了谋求以最快的速度达到所要求的结果"，"学生只是单纯地重复某种活动，以便达到机械式的自动程度。后来，教师们发现学生读书几乎没有领悟书中的含义，学生做演算却几乎对演算的课题没有多少理解"（杜威，1991）[52]。这是因为，专门的思维课程如果完全以技能训练的外部效果作为信奉的依据，这种方法就容易把人类的思维训练降低到动物训练的水平。

所以，从学科的角度看思维能力的培养，无论只有知识性学科还是只有专门的思维课程，都是不够的。只有构建两种课程相融共存的课程体系，实现两种课程的整合与互补，才能达到最终的思维能力培养的目标。

第三，关注对思维教学的制度、政策、评价机制等的研究。思维教学的实施和推广除了需要开发有效的思维课程之外，还需要政策和制度支持方面更为根本性的保障。

因此，为了保障思维教学能够真正渗透到教学实践中并有效落实，需要研究制定从宏观的课程标准到微观的教学管理等一系列关于思维教学的保障制度和政策，包括教育管理者在推动和支持思维教学方面的具体职责和要求等，这样才能够真正形成有利于重视和落实思维教学的氛围，也才能够从根本上促进知识教学、应试教育向思维教学和问题解决能力培养教育的真正转变。

对思维教学评价机制的研究仍是瓶颈。学科考试的理论依据是联想主义和行为主义心理学家关于教育中的知识本性之假设。该假设认为，知识完全可以被定义为一组可任意组合的信息的集合体。因此，相互之间毫不相关的一个个问题的集合，而不是涉及知识的综合和扩展的问题解决或推理活动的样本构成了我们的考试。这种考试理论还假设，知识和能力可以脱离它们运用其中的背景而被孤零零地抽取出来。这就是为什么人们总认为用一些零碎的知识点就可以测量出学生完整的理解、掌握和运用知识的能力的原因所在。

评价机制是制约思维教学的研究和实践深入发展的另一个难题。如果思维能力始终没有成为考试要测量和评价的对象，则难以发挥考试对思维课程和教学的指导作用；而思维教学如果不能够真正进入和影响到考试大纲，则思维课程和教学必将流于形式，沦为形同虚设的副科、选修课。如果考试契合了思维课程，从内容到形式都进行深度改革，重在测量和评价学生思维能力的发展水平及提高程度，则考试势必对现有的教学内容、教学目标、教学计划提出有力挑战。另外，以思维能力为主要测试对象的考试，其信度、效度如何保证，它能不能、是不是真正检测到了学生思维能力的发展水平，这些都是亟待引起研究者重视和解决的瓶颈问题。

第四，构建基于学生思维发展过程及心理机制的思维课堂教学模式及策略。科学成熟的思维教学理论不仅是思维教学发展的前提和基础，而且是思维教学实践得以大面积开展的理性指引和理论支撑。因此，一方面我们要吸收、借鉴国外思维教学理论研究成果，另一方面要根据我国文化传统下的学生思维的特点，深化对不同年龄阶段学生思维发展的本质、过程及心理机制等问题的研究。

更为重要的是，要基于学生的思维发展过程和心理机制，构建相应的思维课堂教学模式和可操作的教学策略理论。与偏重理论论证的课堂模式和策略不同，这种思维课堂模式和策略应该表现为：第一，学科化。对应不同的学科属性和特点，开发不同的思维教学模式和策略。第二，学段化。根据不同教育阶段的受教育者，开发相应的思维教学模式和策略。第三，可操作化。适应一线教师的认识和理解方式，与原有的课堂结构和进程相契合，容易为一线教师所掌握。

◎ **本章回顾与反思**

1. 心理学关于思维的研究有何重要结论？

2. 你从教育学对思维教学的探索中得到了哪些启发？

3. 国内外有关思维及其培养的研究为我们进行"为思维而教"带来了哪些借鉴和启示？

# 第三章 思维课程的开发

"思维是特定的，而任何学科都可以是理智的。"这是杜威对思维与学科的一个明确表述。"身体的生长是由于食物的消化吸收，同样，思维的生长是由于教材的合乎逻辑的组织。"更加明确地说就是："思维是一种能力，它把特定事物所引起的特定的暗示，贯穿到底并联成一体。因此，任何学科，从希腊文到烹调学，从绘画到数学，都可以成为智能的学科，说它完全是智能的，不是指它的固定的内部结构，而是指其特定的功能——它的引起和指导富有意义的探索与反省的作用。有人用几何学训练思维，有人用操作试验装置训练思维，有人用音乐作品训练思维，有人用处理商业事务训练思维。"（杜威，1991）[38] 因此，每一门学科课程，都可以采用某种恰当的方式，有效地达到促进学生思维能力发展的目标。

# 第一节　学科课程中的思维教学

在美国，历史学科由于体现出了批判性思维的能力培养目标，而一度成为最受欢迎的本科专业之一，要求非常高，也是非常难读的一个专业。因为读历史专业的学生会有大量的阅读和写作任务，有时候会要求两三天看完一本几百页的历史书，不定期写几十页的论文，而且似乎永远也写不完。历史学科对批判性思维能力的培养体现在批判性地阅读、批判性地评估和思考以及清晰并有说服力地表达上。而批判性思维能力正是美国社会特别推崇的，是美国认为的人才优秀的标准之一。据不完全统计，美国历史专业毕业生的平均收入超过经济学专业、心理学专业甚至计算机专业的毕业生。历史专业学生毕业后有很多选择，如果申请研究生院，可以学习几乎任何一个专业。（保罗等，2006）

不同于上述观点中对历史学科的突出强调，事实上，任何学科都对思维能力的培养具有自身特殊的意义和作用，当然也都包含着无法克服的缺陷和不完整性。在更加强调知识传授和掌握的学科中，教师和学生往往容易把注意力放在积累知识上而忽略学生思维能力的培养和发展。而专门的思维课程似乎也有另外一种危险，即容易导致形式化、机械性。这是因为，专门的思维课程如果完全以技能训练的外部效果作为信奉的依据，就容易把人类的思维训练降低到动物训练的水平。

## 一、语文教学与思维能力的培养

语文教学是母语教学。语文课是基础教育阶段一门非常重要的课程。这门课程的重要性在于它是其他所有课程的基础，所以语文作为学生继续学习其他课程的基础，向来受到许多重视和关注。语文除了基础性之外，还有另外一个特点，即工具性。2001 年中华人民共和国教育部制定的《全日制义务教育语文课程标准（实验稿）》中明确提出："语文是最重要的交际工具，是人类文化的重要组成部分。"我国语文教育大家叶圣陶、吕叔湘、张志公等都多次阐述过"语文是个工具"的观点。作为工具，语文不仅是思维和交流的工具，还是进一步学习文化知识和科学技术的工具，甚至可以说是进行各项工作的工具。所以，对于这样一门兼备基础性和工具性的学科，语文课的教学在学生思维能力的培养和发展中也起着其他学科无法取代的作用。

### 1. 语言和思维

叶圣陶先生对"语文"这一学科名称的来历和原义有过一段专门的论述。他说："彼时同人之意，以为口头为'语'，书面为'文'，文本于语，不可偏指，故合言之。……其后有人释为'语言''文字'，有人释为'语言''文学'，皆非立此名之原意。第二种解释与原意为近，唯'文'字含意较'文学'为广，缘书面之'文'不尽属于'文学'也。课本中有文学作品，有非文学之各体文章，可以证之。第一种解释之'文字'，如理解为成篇之书面语，则亦与原意合矣。"（叶圣陶，2021）从中不难看出，无论将"语文"理解为"语言""文字"还是"语言""文学"，都离不开包括口头语言和书面语言在内的广义的"语言"。

　　一旦把语文还原为广义的语言，那么，语文就将与思维发生无止境的牵连。因为语言从来就离不开思维，就像思维离不开语言一样。所谓语无伦次，实质上是思维的迷乱。而没有思维，语言也没有了意义。所以，语言与思维互为工具又互为目的，它们天然地纠结在一起，相互从对方那里得到说明和解释。

　　当人们在头脑中思考问题时，是运用语言在进行思维加工。思维的过程和结果要外化，要实现思维以语言为载体和工具在人际交流与互动，采用的形式不外乎说、写、听、读四种形式。当思维的过程和结果要由主体内部向外传输，要么采用说的表达形式，即运用口头语言，要么采用写的表达形式，即运用书面语言。而当思维的过程和结果要从外部向主体内部摄入，则是通过听和读两种形式。由听和读将外部的信息输入大脑，经由思维的加工，达到理解和交流的目的。由此可见，听、说、读、写是一系列既需要语言参与又需要思维参与的活动。

　　语文教学是以培养学生听、说、读、写的能力为目的的，所以，语文教学也是既需要语言的参与也需要思维的参与的活动，语文是语言和思维的辩证统一。对此，朱绍禹教授曾有过精辟的阐述。他说："语文科是语言学科，同时也是思维学科。同对语文科是工具性学科和思想性学科等的认识一样，这样的认识也是语文科的一种本质观。在语文教学中，对语言和思维同等重视，是众多国家的现状，也是世界性的趋势。而在我们，过去有文道关系之争、读写地位之争、训练比重之争、语言因素和文学因素之争，唯独很少涉及语言和思维的各自地位和相互关系的讨论，这足见我们对这一关系语文科根本性质问题认识的不足。"（朱绍禹，1988）[16]

　　其实，在20世纪90年代开展的对我国语文教育的大讨论中，之所以对语文教学有着那么多的不满和指责，一个不可忽视的原因在于，长期以来，语文教育缺失了培养学生思维能力这个重要目标。讨论中出现了许多不同的观点，有的强调语文教育应加强文学教育或人文教育，有的强调语文教育应加强人格教育。这些观点都有其合理的一面，与此同时，语文教育还应该强化对学生思维能力的培养。

一个没有学会如何思维的人，不要说其文学修养、人文素质和人格魅力很难真正养成，就是正确合理地运用语言、文字的能力都很难得到发展和提高。这正像乌申斯基所说的："语言并不是什么脱离思想的东西，相反，语言乃是思想的有机的创造，它扎根于思想之中，并且从思想中不断地发展起来。所以，谁想要发展学生的语言，首先应该发展他的思维能力。离开了思想单独地发展语言是不可能的；在发展思维以前发展语言甚至是有害的。"（张焕庭，1964）[470-471] 进一步往深刻的意义上说，人类的文明和文化都是语言发展的产物和结果。语言的意义就在于，它参与了人新经验的生成，因此就为人的思想的自由提供了条件，即怀特海所说的"思维的自由是由于语言才得以可能，因为正是由于语言，我们完全摆脱了主观心情和客观条件的直接性的束缚"（怀特海，2010）[35]。

一个人的思维发展与语言发展总是同步协调进行的。语文正是通过发展学生的语言来发展学生的思维，在语言和思维的结合上，进一步使语言和思维得到协调发展。学生只有通过语文学习使语言和思维都得到发展，才能更好地进行其他学科的学习。语文学科的责任正在于促进学生的语言和思维都得到良好、协调的发展。

### 2. 语文思维的特性

从不同的角度，采用不同的标准，可以将思维划分成多种不同的类型，如形象思维、抽象思维、直觉思维、灵感思维、辩证思维、创造性思维，等等。在某门学科学习的过程中，并不会单纯地只发展某一种类型的思维能力，其他的思维能力则一概不涉及；或者，在另外一门学科的学习中，绝对地只发展另一种思维能力。不过，相比较而言，不同的学科对学生思维能力的影响是不尽相同的。

斯佩里对"裂脑人"的研究证明，人的大脑分为左右两个半球，其中左半球主要控制人体右侧的运动，擅长逻辑思维、求同思维以及言语和计算等，被称为"理性半球""逻辑半球""知识的脑"。右半球主要负责人体左侧的运动，擅长音乐、舞蹈、节奏、旋律、绘画等，对空间形象有较强的感知，擅长直觉思维、求异思维、形象思维等，被称为"情感半球""想象半球"或"创造的脑"。即人脑的两个半球用不同的方式进行思维。另有一些脑成像研究证明，科学家在进行紧张的研究工作时，大脑左半球是亮[①]的，即抽象思维处于异常活跃的状态；右半球虽然也有亮点，但大部分区域是暗淡的。相反，艺术家在处于艺术创作的高潮时，右半球是亮的，左半球只有少数亮点，大部分区域是暗淡的，表明形象思维正在发挥作用。这说明，在不同的活动中，不同的思维类型所起的作用是不尽相同的，虽然也要强调各种思维类型之间的协调和配合，但在实际活动中总是某一种思维类型占据支配地位，发挥主要作用。

在不同性质的学科之间，学生思维活动的类型也有所区别。根据语文学科的特点，在语文学习的过程中，形象思维是起主要作用的思维类型。这当然并不排除在其他学科的学习中，在科学研究和发明创造中，甚至在日常生活中都要广泛运用形象思维。

---

① 当人脑的某一区域被激活时，其中的血氧水平等生理指标会发生变化，运用脑成像技术可检测到，在成像的图谱上显示出脑的该区域变"亮"。

例如，数学作为一门抽象性很强的学科，也经常需要形象思维的配合与参与，几何图像在几何题的解题思维中起到的重要作用就说明了形象思维在数学中的重要性。但形象思维在文学、艺术等领域中是运用更为充分、起决定作用的思维类型。对此，作家刘白羽在谈到自己的创作经验时曾有过肯定的论述。他说："对一个创造者来说，是生活中种种具体的动人形象打动你，给你带来思想、认识，你通过复杂的生活形象，才提炼出你的一点理解、一种思想、一份诗意，这是作品的灵魂；但同时理解、思想、诗意也只有得到最能恰如其分地表达它们的典型的形象、细节，才能取得反映生活的艺术形象的鲜明光彩。"（十四院校《文学理论基础》编写组，1981）[234] 总而言之，形象思维在语文中使用更加普遍和频繁。

在语文教学中，无论是阅读还是写作，都是学生通过艺术形象来把握和体验现实的思维活动。阅读的时候，无论是文学作品还是一般的记叙文，作者在作品中所描绘的形象经由形象思维跃然纸上，不仅让读者在头脑中造出相应的形象图像，而且这种形象图像会与读者的生活体验相结合，变得鲜活起来，成为有血有肉的真实的形象；学生自己写作的时候，又是形象思维帮助学生把对事物的形象的理解转化为文字，用书面语言的形式表达出来，并使得这种表达为阅读它的读者传达出逼真的原型形象的信息。

例如，朱自清在《春》中对春天的描绘："小草偷偷地从土里钻出来，嫩嫩的，绿绿的。""桃树、杏树、梨树，你不让我，我不让你，都开满了花赶趟儿。""野花遍地是……散在草丛里……""雨是最寻常的，一下就是三两天。……像牛毛，像花针，像细丝，密密地斜织着，人家屋顶上全笼着一层薄烟。"小草、树、花、雨，呈现在我们眼前的是一副多么生机勃勃、充满希望的春景图。郁达夫《故都的秋》中对北国秋天的槐树的描写："北国的槐树，也是一种能使人联想起秋来的点缀。像花而又不是花的那一种落蕊，早晨起来，会铺得满地。脚踏上去，声音也没有，气味也没有，只能感出一点点极微细极柔软的触觉。……"北国秋天的槐树，俨然出现在我们面前。形象思维不仅在景物描写的作品中使用，在记叙事件、表现人物的作品中同样起着非常关键的作用。

对于形象思维，人们的认识经历了一个发展的历程。从最初认定形象思维是文学和艺术家所使用的、不同于科学思维的一种掌握世界的独特方式，到从根本上否定形象思维的科学性、否定作家和艺术家有这种独特的思维，其间，理论界围绕形象思维问题展开了广泛深刻的讨论。经过不同观点之间的激烈交锋，以 20 世纪 80 年代以后钱学森倡导建构包括形象思维在内的思维科学为标志，形象思维已经被人们肯定和接受。

作为肯定形象思维论的代表，李泽厚关于形象思维的论述为多数人赞同。他说："思维，不管是形象思维还是逻辑思维，都是认识的一种深化，是人的认识的理性阶段。人通过认识的理性阶段才达到对事物的本质的把握。形象思维的高潮，在实质上与逻辑思维相同，也是从现象到本质、从感性到理性的一种认识过程。但这过程又有与逻辑思维不同的本身独有的一些规律和特点。这就是在整个过程中思维永远不离开感性形象的活动和想象。相反，在这个过程中，形象的想象越来越具体、越生动、越个性化。因此，形象思维是个性化与本质化的同时进行。这就是恩格斯称赞黑格尔所说的'这一个'：典型的创造。形象思维的过程就是典型化的例子。"李泽厚同时还列举了果戈理和鲁迅等作家、艺术家塑造典型形象的例子。对于形象思维和逻辑思维的关系，李泽厚认为，"逻辑思维是形象思维的基础"。因为形象思维作为思维已不是感性的东西，只是不脱离感性而已。"艺术家的形象思维和感性能力像长着眼睛似的遵循着暗中的逻辑规律正确无误地进行。"（赵光武，1999）

从人类思维的产生和发展来说，在原始时期，人类还不懂得抽象思维，他们的思维主要是形象思维，被称为"原始形象思维"。形象思维在人类思维史上存在并持续了漫长的时期，大约"有十几万年的历史，比抽象思维的资格老得多。抽象思维发生于社会从公有制向私有制分化的时代"（王方名 等，1979）。所以，从人类思维的发展看，是从形象思维到抽象思维，形象思维是抽象思维产生的基础，抽象思维是形象思维分化的结果。

在形象思维的作用和意义这个问题上，朱光潜先生也坚持认为，文学艺术对现实的反映不同于科学对现实的反映，形象思维与抽象思维不同。他认为，艺术的思维不同于科学的思维，艺术的思维主要是形象思维，科学的思维主要是抽象思维或逻辑思维。形象思维就是用形象来思维（英文是 thinking image，变成名词是 imagination）。对于形象思维与逻辑思维的异同，他说："思维不只是只有科学的逻辑思维一种，此外还有文艺所用的形象思维。这两种思维都从感觉材料出发，都要经过抽象和提炼，都要飞跃到较高的理性阶段。所不同者，逻辑思维的抽象要抛弃个别特殊事例而求抽象的共性，形象思维的抽象则是要从杂乱的形象中提炼出见本质的典型形象，这也就是和科学结论不同的另一种理性认识。"（朱光潜，1980）

脑科学的研究成果和人们对形象思维认识的深化告诉我们，人脑的左右两个半球之间并没有优劣之分，一度流行的左脑优势理论是片面的；形象思维和抽象思维也没有高下之别，认为只有抽象思维才是认识的高级阶段的看法是不正确的。语文对学生产生教化作用的媒介和材料是相当数量的文学作品，它们包含着大量的形象思维表达的艺术形式，具有鲜明的形象性、具体性、生动性的特点。语文教材内容的特点决定了语文教学同形象思维之间有着一种天然独特的联系。语文教学应该用与其内容相适应的思维方式来讲解、传授、交流，只有这样，才有利于学生的理解和接受，才有利于语文教学质量的提高。从这个意义上说，语文思维的特性正在于它的形象性，在语文教学中发展学生的思维应该从形象思维开始。

### 3.语文课：在听、说、读、写中培养思维能力

有一种观点认为，在教育中一直存在一个严重的弊端——忽视学生右脑的利用和开发，忽视形象思维的培养和发展。教育的重点只是在于知识和技能，教育成了一种"过度言语化了的教育"。就连同与形象思维有着天然特殊联系的语文课，也质变为以语言为核心和目标的语言课。因此，越来越多的研究者呼吁，是到了开发右脑、发展形象思维的时候了，教育上应该掀起一场轰轰烈烈的"右脑革命"。而无论要求发展形象思维还是要求开发右脑，其实质都是为了左右脑协调并用，最大限度地发挥出学生的创造力。

语文课培养学生思维能力的途径是多种多样的，可以渗透到听、说、读、写的任何一个过程和环节中进行。

比如在阅读教学中。面对一部文学作品、一篇语文课文，只有当学生在阅读的过程中能够根据文字的描述在头脑中产生联想和想象，也就是能够透过文字看到文中的人和事，看到人物的生活，看到事情发生的场景，他们对作品和课文的理解，对知识的掌握，才会是活生生的、真切的、深刻的、持久的。从文字中看到图画，从文字中看出生活，这是阅读过程中的再造想象，是阅读教学中形象思维的一种重

要作用形式。只有这样，才会有真正自己的理解。再造想象以在学生已有的生活经历和生活体验中建立起来的丰富的表象储备为基础，将作品或课文中的文字描写按照自己的理解还原为事物或生活本身。在再造、想象、还原的过程中，体现出来的正是阅读者自身的形象思维能力，是阅读者创造力的一个方面。

全国著名特级教师于永正生前就非常注意引导学生在阅读过程中发挥形象思维的作用。在《我爱故乡的杨梅》一课的教学中，先是让学生读课文："细雨如丝，一棵棵杨梅贪婪地吮吸着春天的甘露。……端午节过后，杨梅树上挂满了果实。杨梅的形状、颜色和滋味，都非常惹人喜爱。……没熟透的杨梅又酸又甜，熟透了就甜津津的，叫人越吃越爱吃……"课文读过以后，于老师表扬读得认真的同学把课文中描写的事物在自己的脑海里变成了鲜明生动的画面，甚至"仿佛看到了那红得几乎发黑的杨梅，仿佛看到了作者大吃又酸又甜的杨梅果的情景，仿佛看到了那诱人的杨梅果正摇摇摆摆地朝他走来"。于老师运用这样的肯定和表扬引导、要求学生，在读文章时一定要边读边想象情节，"在脑子里'过电影'，把文字'还原'成画面"，只有那样，才证明真正读进去了，读懂了（于永正，1999）。"边读边想象情节"，这个想象情节，其实就是形象思维的运用。

如果阅读教学根本不鼓励学生产生丰富的再造想象，失去了形象思维的参与，那学生对作品或课文的理解必然是干巴巴的、空洞无物的，对知识的掌握是生硬的、机械记忆的。这也正是当前我们的语文阅读教学中普遍存在的众多弊端之一：本应生动形象、充满情感和情趣的语文课却枯燥乏味、抽象死板，不但没有任何乐趣可言，反而成为加重学生学习压力和负担的主要来源。

所以，在语文阅读教学中，教师一定要善于根据教学内容，在课堂上创设良好的、恰当的教学情境和氛围，引导学生充分调动已有的知识和生活经验，调动先前的表象储备，唤起丰富的情感体验，将自己融入课堂教学内容之中，身临其境，设身处地，让再造想象和形象思维充分活跃起来。教师要把书本上文字的、抽象的东西还原、拉近，使其进入学生自己的生活世界，从而达到学生对课文内容有深刻的、真正个人的、创造性的理解。

写作课也同样可以培养和发展学生的思维能力。比如，通过让学生对同一命题从不同的角度进行理解，运用不同的文体练习写作，可以发展学生思维的灵活性、发散性和求异性等思维创造性的不同方面。下面这种形式的练习就是一个很好的例子（周先乾 等，1990）。

## "圆"像什么
### ——多文体对比写作练习

• **作文一** 你对"圆"不陌生吧？在数学课上，在日常生活中，圆几乎无处不在地伴着你，它真可以说是你的老朋友了。请写一篇300字以上的科学小品文，介绍一下圆的特征和应用等，要写得生动有趣。

• **作文二** 你说"圆"像什么？是像空虚，还是像充实？是像一无所有，还是像丰满充盈？是成功者的花环，还是失败者的陷阱？是表结束的句号，还是表开始的零？请展开想象的翅膀吧，相信你能以"圆"作为某种象征，写一篇优美的散文。

• **作文三** 由"圆"很易想到"圆滑"一词。圆滑的人，为人处世只顾对各方面讨好，对工作敷衍塞责，不负责任。你在生活中一定见过这种人，也一定很讨厌这种人。请展开想象，构思情节，写一篇讽刺性很强的记叙文，刻画一个圆滑者的形象。

• **作文四** 人们在大森林里或茫茫雪原上探索前进的道路，往往费了不少力气，走了很多路，却发现又回到出发地：只不过绕了个大圆圈子。对这种现象加以认真思考，你一定能悟出点什么，请写一篇议论文谈谈你的感想。

通过对"圆"这个图形不同视角、不同方面的形象化的理解，经由形象思维的丰富联想和多种想象，学生的创造性思维得到了锻炼。正可谓创造性思维的创造性通过形象思维得以发挥和体现。文章是"形象大于思想"的，也就是说，"形象大于逻辑"。人的复杂多样性决定了不同的人对同一事物的理解是差异很大的。"一千个读者就有一千个哈姆雷特"，正是这种丰富多样，蕴藏着创造力的源泉。

另外，写作对学生创造性思维能力的培养还有一个很好的途径，就是让学生写想象作文。想象作文要求学生根据已有的知识和经验，在此基础上展开充分的想象，通过想象力的开发锻炼创造性思维能力。想象作文有各种不同的设计形式，常见的有：

第一种，给出一个开头，限定事情发生的时间、地点和环境，补充主要情节。

第二种，给出故事的梗概，通过各自的想象加以扩展。

有一位教师在教授《蚊子和狮子》一课后，出了一道"蚊子撞到蜘蛛网上以后"的作文题目，要求学生不违背原文的意思，展开想象，进行创造性发挥，给原文补充一段情节。有一个学生做了这样的补充：

蚊子撞到蜘蛛网上，一动也动不了。它有战胜狮子的经历，而今要死在蜘蛛手里，真是难过极了，懊悔极了。它懊悔自己战胜狮子以后得意忘形，以致撞到了这蜘蛛网上。这时，蜘蛛一步一步地向蚊子爬了过来。当蜘蛛临近蚊子，张开它的大嘴的时候，蚊子的泪水夺眶而出。它悔之晚矣，闭上了眼睛，等待着那可怕的时刻。就在这时，从那棵高大的松树上，掉下来一滴松脂。那松脂不偏不斜正好落在了张着大嘴的蜘蛛身上。顷刻之间，蜘蛛就被松脂包在了里面，再也动弹不得了。由于松脂的重量，蛛网被拉破了，蚊子也因此得救了。蚊子高高地飞着，它下决心要改掉自己的毛病，力戒骄傲，不断发扬自己勤于思考的优点。（宁鸿彬，2000）[179]

在这样的练习中，学生通过自由的想象，创造性思维得到了训练和开发。

第三种，将学过的文言文、古诗等改写成适当文体的白话式文章。

除上述三种外，还有其他多种不同的练习形式。在想象作文的练习中，要求学生的联想和想象能力最大限度地发挥，而联想和想象是形象思维中最具有创造性的两个重要因素。通过想象作文的联想和想象，学生的思维能够不受限制地发散和扩展，既增大了思维的广度、增强了思维的灵活性，又体现了思维的个性和创造性。

在听、说的教学中，也可以充分发掘联想、想象的作用，让听、说中的"形象"都活起来，思维起来。有一位教师在课堂上出了这样一道题目——要求大家以"男子汉穿裙子"为题说一段话。有一个学生做了这样的回答：

男子汉穿裙子，可以说是不伦不类。但是，此类不伦不类的事情，在我们的现实生活中却时有发生，叫人哭笑不得。某县城有一座明代的楼阁，是明代建筑风格的代表作，很有价值。可是最近在维修的时候，有人竟然把这座古典式楼阁的下半部抹了厚厚的一层水泥。就像一个峨冠博带的男子汉，穿上了一条灰色的西服裙，古不古，洋不洋，令人啼笑皆非。我希望，在我们的现实生活中，多一些不懂就学的谦逊之风，少一些自以为是的蛮横举动。让穿裙子的男子汉，从祖国的大地上消失吧！（宁鸿彬，2000）[187]

一个初看上去让人无法言说的话题，经由学生充满想象和创造性的形象思维，给出了一段精彩的表述。

在小学二年级《孔雀、八哥和母鸡》一课的教学中，教师先用听录音故事、学生复述故事的形式让学生熟悉课文的内容。之后，教师对学生说："故事里的农夫选择了母鸡和他住在一起。如果让你来选择，你愿意和谁住在一起呢？"有的学生选孔雀。因为孔雀很美丽，它的尾屏像鲜花一样漂亮，和孔雀住在一起就像每天看到鲜花一样，生活中充满了情趣，人的心情也会很愉快。有的学生选八哥。理由是八哥非常可爱，会学人说话，当主人感到寂寞的时候它能够跟人逗乐，当有客人来的时候它会和客人打招呼，八哥能给人的生活带来乐趣。有的学生选母鸡。因为母鸡会下蛋，鸡蛋不仅是一种很有营养的食品，还可以孵小鸡，可以作为商品拿去交换，成为人们生活物品的一个来源。[①] 在这样不拘泥于课文内容，鼓励学生自由发散和想象的提问与回

--------

① 材料来自笔者整理的上海市杨浦区六一小学的课堂教学实录。

答中，学生通过听和说，在运用语言的过程中发展了自己的思维。

## 二、数学教学中的思维发展

数学是一门语言精确、抽象性和逻辑思维性强的学科。数学的学科特性决定了数学是培养学生思维严密性、抽象性的最好途径。

### 1. 数学：数量关系和空间形式的科学

恩格斯给数学下过一个经典的定义：纯数学的对象是现实世界的空间形式和数量关系。恩格斯指出，数学的目的是以纯粹的形式研究量的关系和空间形式，所以，数学从它的实际内容中被抽象了出来。对数学而言，球是用什么材料造成的无关紧要，重要的是球形几何体本身；同样，对数学而言，函数是由哪种自然过程的变化形成的也无关紧要，重要的是函数本身。为了能够在纯粹的状态中研究这些形式和关系，必须使它们完全脱离自己的内容，把内容作为无关紧要的东西放在一边。这样，我们就得到没有长宽高的点、没有厚度和宽度的线、$a$ 和 $b$ 与 $x$ 和 $y$，以及常数和复数。所以，数学是研究现实世界空间形式和数量关系的科学。

数学中的任何一种数，自然数、整数、正数、负数、有理数、无理数、实数，其中的任何一个数字，自身并没有什么特定的含义，只是作为一个符号，反映着现实世界中事物之间的数量关系。比如，一个自然数 9，在数学中，它可以代表世界上任何一个数目为 9 的东西，而不管这个东西具有什么样的属性。9 个苹果、9 本书、9 个人、9 个城市、9 个国家，9 的含义都是一样的。"形"也是如此。立方体，可以代表一个房子的空间大小，也可以代表一个容器中液体的量的多少。一个数学公式，如 $X=Y\cdot Z$，可以表示路程与速度和时间之间的关系，也可以表示长方形的面积与长和宽之间的关系，还可以表示其他一切具备这种乘积性质的事物之间的关系。数学就是用数和形，反映着现实世界中事物之间的关系。

作为一门以现实世界的空间形式和数量关系为研究对象的科学，需要一种在"纯粹的状态中"研究的能力，即撇开研究对象的一切其他特性而只着眼于数量关系和空间形式的能力。这种能力，正是在数学学科的学习过程中，培养和发展起来的一种数学抽象思维能力。

### 2. 数学思维的特性

爱因斯坦说过，为什么数学比其他科学受到特殊的尊重，一个理由是它的命题是绝对可靠和无可争辩的。数学之所以获得较高的学科声誉，还有另一个理由，就是数学给予精密的自然科学以某种程度的可靠性。在数学中，哪怕最微小的误差也不能被忽略，因为最微小的误差也有可能出现结果的"谬之千里"。

正是数学语言和命题的高度可靠、精确的特性，使得数学成为训练学生思维抽象性的最好途径。正如苏联教育思想家加里宁所说，数学可以使人的思想"纪律化"，能教会人合理地去思维。即数学是锻炼思维的"体操"。体操能够使人的身体健康，动作灵敏，数学能够使人的思维正确敏捷。

在数学中，关注的主要是把现实世界的数量关系和空间形式抽取出来，事物的其他属性则不在考虑的范围内，这就是数学抽象的过程。数学的抽象形成了数学中的概念、关系、定理、方法、符号等思维结果。抽象性是数学本身的特点，抽象思维是数学学习中的主要思维形式。现实生活中有许多实际问题，只有抽象成纯数学的问题，才能找到解决的办法。如果没有抽象思维能力，很多数学问题根本就无法解决。

当然，抽象并不是数学独有的特点，凡是科学基本上都要抽象，比如物理学，研究物体的匀速直线运动，经由抽象得到三个物理量之间的关系 $s=vt$。与数学的抽象不同的是，物理学的抽象不能脱离具体的物理量，而数学则是进一步撇开具体的量得出更为抽象的量的关系，如 $x=ab$。这个 $x=ab$ 就不只可以用来表示匀速直线运动 $s=vt$ 的关系。所以，数学的抽象是"撇开对象的其他一切特性""完全脱离自己的内容"的"极度抽象"，抽象性成为数学、数学思维的最为突出的特征。

### 3. 数学课培养思维能力：以问题解决为核心

数学的产生是从生活中的实际问题开始的。古人结绳计数为的是知道生产与生活用品的数量。几何学在埃及萌芽之初是为了解决尼罗河流域的土地测量问题。我国秦汉时期的数学著作《周髀算经》和《九章算术》，都是当时的数学家解决生产和生活中的数学应用问题的成果汇集。因此，数学因问题而生，数学的目的则是解决问题。

数学成为学科之后，仍然有着突出的以问题解决为核心的特征。在这样的一门学科中，学生思维能力的发展就是问题解决能力的提高。所以，数学课对学生思维能力进行培养，是通过解决问题来实现，并最终以问题的解决为目的的。即围绕问题而进行，以问题解决为核心，这是同其他学科相比数学在思维能力培养方面一个最为明显的特征。

从学生的认识过程和思维过程看，一个问题的解决一般要经过这样几个阶段：第一，对问题的理解，即"审题"阶段；第二，产生一个解决问题的假设，即"明确思路"阶段；第三，将假设付诸实施，即动手"解题"阶段；第四，对解题思路、方法和结果进行检验，即"反思"阶段。要成功地解决问题，这四个阶段都是非常关键的。

第一阶段的审题即对问题的理解，是解决问题整个思维活动的开端。能不能正确地理解题意，弄清题目所提出的条件、问题以及条件和问题之间的关系是问题能否得以解决的先决条件。在这一阶段，学生的思维活动应该循着这样一条路线：问的是什么？已经知道了什么？要解决问题，必须具备什么样的条件和数据？题目已经提供的条件和数据是不是够用？如果不够用，还需要哪些条件？要让学生养成细心审题的习惯。为了更明确地理解题意，可以通过画图、运用符号和线条等直观的方式将条件和问题表示出来，以帮助分析和思考。

第二阶段的明确思路是解决问题过程中思维活动最紧张、最活跃的阶段。主要是在已知和未知之间建立起联系，并建构一个解决问题的整体计划。在这一阶段，学生清楚了题意之后，要能够迅速地将问题同已有的知识关联起来，明确这一问题的解决需要用到的是哪个方面、哪几部分的知识，并能够准确回忆相关知识。对于这个阶段的思维活动，匈牙利数学家波利亚曾经在他设计的一个"怎样解题"表中有过一段详尽的描述（波利亚，2018）。

你以前见过它吗？或者你见过同样的题目以一种稍有不同的形式出现吗？

你知道一道与它有关的题目吗？你知道一条可能有用的定理吗？

观察未知量！并尽量想出一道你所熟悉的具有相同或相似未知量的题目。

这里有一道题目和你的题目有关而且以前解过。你能利用它吗？你能利用它的结果吗？你能利用它的方法吗？为了有可能应用它，你是否应该引入某个辅助元素？

你能重新叙述这道题目吗？你还能以不同的方式叙述它吗？

回到定义上去。

如果你不能解所提的题目，先尝试去解某道有关的题目。你能否想到一道更容易着手的相关题目？一道更为普遍化的题目？一道更为特殊化的题目？一道类似的题目？你能解出这道题目的一部分吗？只保留条件的一部分，而丢掉其他部分，那么未知量可以确定到什么程度，它能怎样变化？你能从已知数据中得出一些有用的东西吗？你能想到其他合适的已知数据来确定该未知量吗？你能改变未知量或已知数据，或者有必要的话，把两者都改变，从而使新的未知量和新的已知数据彼此更接近吗？你用到所有的已知数据了吗？你用到全部的条件了吗？你把题目中所有关键的概念都考虑到了吗？

波利亚的这段话，用一连串问题和一系列建议讲出了厘清解题思路应该采取的思维程序。从中可以看出，解题的过程，就是想方设法将问题进行简化和转化，最终归结到先前熟悉的问题或知识那里，借助已有的知识和经验，使问题获得解决的过程。

第三阶段是动手解题阶段，就是将已经形成的解题设想用语言或文字等外化的形式表示出来。

第四阶段是对整个解题过程进行验证和反思，看结论是否可以逆推出条件，看是不是可以用另一种方法得到同样的结果，即对整个审题、解题思路和解题过程再次进行梳理。

如果要提高学生解决数学问题的能力，学生在以上四个阶段中的能力缺一不可。数学教学应该以"审题""明确思路""解题""反思"这四个方面的思维能力培养为重心，将这四种能力的提高渗透到数学教学的整个过程中去，以此为基础，提高学生的问题解决能力和数学思维能力。

重视问题解决能力已经成为世界各国数学教学大纲（课程标准）的一个显著特点，也是国际数学教育关注的热点。培养学生的数学精神和数学思维已经成为数学教学的重要目标之一。

然而，应试教育对我国的数学教学也产生了深刻的影响。传统数学教学的本质缺点之一，在于没有着重教给学生科学的数学方法，更侧重让学生背会、记牢书本上的定理、法则，熟练掌握课本上的例题、练习题。为了应付考试，还有的甚至不管学生理解与否，或者根本不要求学生必须理解，只是通过反复多遍练习的方法让学生背记题目、解题过程和答案。学生虽学到了各种题目的具体解法，但并没有真正掌握数学方法和数学思维，因而独立解决问题的能力水平并没有得到有效提高。表现之一就是，如果考试时学生遇到曾经做过的题目，则可以正确解答，因为答案就在记忆中；而如果问题稍作变换，就往往不知如何下手了。

有人用"有毒的策略性默会知识"这一概念来表述学生在学习过程中获得的束缚其思维能力、发现意识和创新能力的策略性默会知识。而正是这样"有毒的策略性默会知识"，致使学生形成了惯常的

思维定式："它使学生在面对题目时，不是在深入分析信息间的关系的基础上确定有针对性的问题解决办法，而是根据题目的表面信息，以回忆和回顾为基础，通过模仿和套用来解决问题，并且，这种思维方式已经成了许多学生惯常的思维定式。在这种情况下，一方面，老师分门别类地讲解问题时，总试图传授给学生具有普适性的问题解决方法；另一方面，学生所面对的问题大多是重复性的，其对知识和方法的使用是通过大量做题、不断重复实现的。这些因素使得学生在解决问题时离开了对具体问题的深入理解，采用的问题解决方法也就不再具有相对于问题的针对性。其结果，不可避免地走向问题解决的套路化，并且在套路化的基础上造成极为复杂的其他不良后果。"（丁际旺，2015）

之所以会出现数学教学没有很好地教给学生数学方法，原因之一正在于数学教学方法本身尚不科学。所以，数学教学改革的突破口在于探索科学的教学方法。在指导思想上，数学教学应该把数学结果的教学变为数学过程的教学。应该明确，数学问题的解决并非数学教学的全部目的，数学教学不是要专门地、孤立地解决数学问题，而是以问题的解决为途径，提高学生解决问题的能力，发展学生的数学思维能力。在教学中，应培养学生探索、猜想、归纳、分析、综合等各种能力。教学的重心应该定位在教会学生推理、教会学生思考上。

为此，数学教学应该在如下几个方面进行改革。

第一，数学教学不是直接把定理和法则告诉学生，让学生生吞活剥地死记定理和法则。要启发、引导学生从一个个问题的解决中，从自身经验的归纳中，发现、总结出定理和法则。只有这样，学生对定理和法则才会有真正深刻的理解，才会无须死记硬背，并能正确掌握和熟练运用。

第二，数学教学不应把教科书上的答案、教师指导用书上的答案强塞给学生，不让这些现成的结论限制学生的思维，而应鼓励学生自己去探究。

第三，数学教学不应满足于一个问题只有一种解法，而要不断地启发学生从不同的角度理解问题，用不同的方法解决问题，引导学生养成创新、求异的思维习惯。

总之，以问题为核心的数学在教学方法上应以问题解决为契机，避免简单灌输知识、重复性机械做题的死板做法，要调动学生思维的主动性，形成以学生为主体的探究、发现式学习。教师的价值和意义就在于根据不同的教学内容，创造性地设计教学程序，充满智慧地引导和调节整个课堂教学，让学生的思维激活，创造性充分发挥出来。

# 第二节　独立的思维课程

学校里增设一门新的课程，通过系统的教学和规范的训练，专门对学生进行思维能力培养或干预——这样的观点和做法越来越受到关注和认同。在这一点上，杜威早就发表过观点。他在肯定任何学科都对思维训练有成效的同时，告诫人们要排除另一种想法，即"认为有些学科就其内在性质来说是'智能的'，具有训练思维官能的不可思议的魔力"（杜威，1991）[38]。

实际上，任何一门学科都对思维能力的培养具有特殊的作用，但同时也都有自身的局限。语文更有助于形象思维的培养，数学更倾向于抽象逻辑思维能力的养成，等等。但若只有语文课或只有数学课，都无法保证对学生的思维进行全方位、多维度的培养和训练。因此，要使学生的思维能力得到全面均衡、系统科学的发展，在学科教学之外，的确还需要专门的思维课程。

## 一、为什么开设思维课程

思维课程需要这样一种认知理论，即所有真正的学习都离不开思维，每一个人的思维能力都可以经由训练和培养而得到提高，因而所有的教学计划必须重新改革和构建，使得思维能够渗透到学生从幼儿园开始的全部生活中，渗透到包括语文、数学、历史、科学和艺术等在内的所有学科中。

开设专门的思维课程有几个方面的益处。

第一，有利于教师和学生在学习过程中形成主动、自觉地培养思维能力的意识。我们常常指责过去的教学存在学生的思维能力没有得到应有发展的弊端，这与过去的教学中思维能力的培养没有引起足够的重视是分不开的。通过开设专门的思维课程，思维能力的培养和发展就会作为教学的一个重要目标而引起教师和学生的关注，通过这门课程的学习，改变过去那种知识的掌握高于其他一切目标、知识的积累重于其他所有价值的不正确现象，使教师和学生在课程的学习中改变陈旧的灌输和被动接受的观念，形成主动、自觉、积极发展思维能力的意识。

第二，能够帮助学生改善自己的思维，掌握"最好"的思维方式。有的人认为，思维方式无所谓好坏，只存在人与人之间风格的不同而已。其实不然。比如，为什么对于同样一件事情，有的人很快就能看清问题的本质，而有的人却懵懵懂懂、难得要害呢？对于同样一道习题，为什么有的学生能够采用最简便的方法迅速解决，有的学生却要按部就班，甚至兜圈子、绕弯路呢？虽然最后问题都被解决了，得到的结果也许都是一样的，但思维的过程却有着很大的差别。这反映出不同的人在思维方式上的优劣高下之分。杜威曾经对这一问题有过专门的论述。他说："某些思维方式同另一些思维方式相比，是比较好的。为什么好呢，也可以提出一些理由来。那些懂得什么是较好的思维方式，并且知道为什么这些思维方式比较好的人，只要他愿意的话，他就可改变他个人的思维方式，从而使思维变得更有成效；这就是说，按照这种思维方式，他们就能把事情搞得好些，而按照其他的心理活动方式去办事，就不能取得同样好的效果。"（杜威，1991）[1]

而什么样的思维方式是好的，是应该学习和掌握的？什么样的思维方式是不科学的，是应该改正和避免的？通过专门的思维课程的学习，学生们可以找到正确的答案。

第三，专门的思维课程对学生思维能力的培养更为系统、科学，因而效率更高。尽管只要教师自觉主动地发展学生的思维能力，在任何一门学科的教学中都能够达到学生思维能力发展的目标，然而与开设专门的思维课程相比，在学科教学中培养和发展学生的思维能力还是有着很大的局限性。

首先，它不得不受具体的教学内容的限制。我们说任何能够成为教学内容的材料都可以作为培养和发展思维能力的素材，但也必须承认，由于学科教学长期以来以知识的传授和掌握为目的，因而有些教学内容对思维能力的培养和发展相对具有更强的适宜性和更多的可挖掘部分，而另有一些内容，知识性的成分更多，不适宜作为培养学生思维能力的材料。特别是在思维能力培养尚未真正成为一种广泛共识和实践追求的当下，在学科教学中培养和发展学生的思维能力，在适宜的教学内容中相对容易实现，而在知识性更多的教学内容中，思维能力的发展目标容易流于空泛。

其次，在学科教学中培养和发展学生的思维能力还要受到教师素质的限制。在学科教学中，把教材里的知识内容全面准确地传递给学生，这已经是凝结在教师观念中根深蒂固的认识。因此，要在学科教学中达到培养和发展学生思维能力的目标，不仅要求教师具备以培养学生的思维能力为教学目标的观念，还须具备准确把握教学内容、把知识的传授转化为思维能力培养的素质和能力。

而在专门的思维课程中，这些问题都将得到更好的解决。因为思维课程的教学内容就是专为培养思维能力而设计的，不会出现偏重于知识掌握而忽视思维目标的缺陷；思维课程的教学目标是非常明确的，教师是经过专门培训的，在思维课程的教学中，教师会像语文课的教师专门教授语文、数学课的教师专门教授数学，以及其他任何一门具体学科的教师都有明确、特定的目标一样，责无旁贷、理所当然地把思维的教学、学生思维能力的培养作为自己最重要的目标。由于以思维能力的发展为唯一内容和最终目标，所以思维课程对思维的培养不但是系统的、科学的，还将会是真实有效的。

## 二、开设思维课程的困难

在现有的课程结构中增设一门新的课程，虽然不至于被认为是天方夜谭般的幻想，但也的确面临着许多困难和风险。

首先，开设专门的思维课程是否会增加学生的学习负担。学生的学习负担重由来已久，并成为全社会关注的话题，上至中央领导下至学校校长、教师，甚至负担的承受者学生，都在想对策、出主意，以求解决之道。有的主张削减教学内容，有的主张降低课程难度，有的主张减少在校时间。2021 年 5 月 21 日，中央全面深化改革委员会第十九次会议审议通过了《关于进一步减轻义务教育阶段学生作业负担和校外培训负担的意见》（以下简称《意见》）。7 月 24 日，中共中央办公厅、国务院办公厅印发了《意见》。减轻"学生作业负担"和"校外培训负担"（以下简称"双减"）实施几个月，全国 1.56 亿义务教育在校学生的教育生活状态发生了实质改变。最可喜的变化是孩子们的课余时间宽裕了，作业时长和考试频次得到了有效控制。在全国上下倡导"减负"的大背景下，提出再开设一门新的课程是否会与形势相左？因为任何一门课程一旦被写进学校的教学计划，就必然要占去学生一定的时间和精力，必然要对学生提出相应的要求和目标。所以，开设专门的思维课程，遇到的第一个诘难就是可能增加学生的学习负担。

但实践证明，思维课程非但不会增加学生的学习负担，相反，通过思维课程的学习，学生真正学会了思维之后，学习负担会随之减轻。我们已经看到，中央和教育行政部门、学校，都已经为"减负"采取了一系列措施，然而措施是有了，实践中也执行了，效果却不乐观。问题出在什么地方？

实际上，学习负担重的问题仅靠"减"是解决不了的。实践中不是已经出现了"学校减负，家长加负"，甚至学生"自加负担"的现象吗？学生的学习负担之所以过于沉重，有极为复杂错综的多方原因，其中一个不能忽视的原因恰恰在于我们的教育一向过分看重了学生对知识的习得和识记，忽视了学生思维能力的培养和提高。多年来我们注重的就是把更多的知识传授给学生，评价好学生的标准就是记得准、记得牢、记得多。正是由于教育的重心没有放在教会学生思维方面，所以教师恨不得让学生一字不差地背诵每一篇课文，希望学生完成越来越多的模拟试卷，一再人为地加重学生的学习负担。相反，假如我们的教育目标在于教会每一位学生思维，那么学生只需要掌握最基础的知识、最基本的原理和方法就足够了。因为会思维的学生能够举一反三，能够闻一知十，能够运用书本上的知识解决实践当中的问题，并有所创新，有所发现。所以，从教给学生知识转变到教会学生思维，才是减轻学生学习负担的标本兼治之策。"双减"，字面看是减轻"学生作业"和"校外培训"两个负担，具体举措是提高学校的"作业管理""课后服务""课堂教学"三个水平，更为深远的目标是遵循教育应有的规律，优化教育的整体生态，构建高质量的教育体系。从这个意义上说，"双减"政策通过打开"小切口"，意在实现"大改革"，不仅是对我国教育格局的重大调整，更是教育观念的根本重塑和教育教学方式的根本变革。那就是，"轻负担"与"高质量"要兼而有之，在全面压减作业总量和时长的同时，要切实提高课堂教学质量，切实提高作业设计水平，切实改进教学方法，促进深度学习和高阶学习真实发生。从这一点上说，担心开设思维课程会增加学生学习负担的忧虑完全是多余的。

其次，开设专门的思维课程还面临着如何适应现行考试评价制度的问题。考试在教育中占据着重要的地位，其结果不仅影响到学生，而且影响到教师，影响到教师的职业生活和生命质量，甚至影响到整个教育事业。所以，无论如何也不可能撇开用于评价学生、教师和学校的考试而单独考虑增设思维课程。

比如，对写作能力的测试，传统的认识和做法是，用几个孤立的关于语法、词句用法、拼写和词汇的问题测量学生真实的写作水平。而事实上，知识点早已被分割得支离破碎的传统考试，是很难真正测量出学生对知识的理解、掌握和使用的真实水平的，也很难测量出学生包括思维能力在内的各项能力的发展水平。所以，如果在我们的教学计划当中增设专门的思维课程，则需要重新审视和构建我们的考试。比如，怎样对学生在思维这门课程中的发展做出科学客观的评价？也就是说，拿什么作为评价学生思维能力达到何种水平的指标？应该说，考试与评价是开设思维课程将会遇到的一个最难解决的问题。

不过，随着近年来高考和中考改革持续深入进行，《深化新时代教育评价改革总体方案》等文件的颁布，从注重考查学生对知识的记忆，到注重考查学生能力的发展，已经成为考试与评价改革的大势所趋，而且注重对学生创新能力的考查。我们有理由相信，随着考试与评价科学的不断完善，在不久的将来，考试将不再是思维课程实施的障碍，而会成为思维课程的一个有力支撑。

从"学习负担"和"考试障碍"中解脱出来的思维课程，可以是多种形式和多种结构的。根据我们自己的研究实践，本书重点讨论"儿童哲学"课程的探索和发现。

# 第三节　如何教会儿童思考

我们的生活质量、工作质量和学习质量，越来越取决和依赖于我们思考的质量。教育的重要功能和使命就是使受教育者学会有效地、创造性地、批判性地思考。通过教育活动系统地培养出优秀的思考者，越来越显现出深远意义和前瞻价值。因此，将教会学生思考这一目标全面融入教育的全部要素和过程，显得尤为重要。而将课程作为抓手和关键环节，又具有强烈的实践意义和现实可行性。

"儿童哲学"是一门专门用来对学生进行思维能力培养的课程。"儿童哲学"课的兴起是 20 世纪 70 年代欧美一些国家开始的一个被称为"批判性思维"或"思维技能"运动的结果。这个运动的主要目的之一就是创建思维课程，从而把思维能力的发展置于教育过程的核心地位。有关"儿童哲学"的实验和研究正在世界上越来越多的国家开展。从反馈的结果看，"儿童哲学"的教育成效是令人振奋的，有关思维教学的新的材料正在得到发展。它把传统的教学方法和挑战儿童智力的创造性教学方法结合起来，引导儿童进行复杂、抽象的思维，通过培养学生对问题进行哲学探究的敏感性和主动探究的意识，提高课堂教学的质量。

## 一、"儿童哲学"课程的兴起

"儿童哲学"课是研究者们为了达到教会学生思维的目的所做的一个成功的尝试。它最初由美国学者李普曼和他的同事设计。1969年，李普曼发表了他的第一部儿童哲理小说《哈里·斯脱特尔迈尔的发现》( *Harry Stottlemeier's Discovery* )，中文版翻译为《聪聪的发现》。这本令人耳目一新的儿童哲理小说标志着"儿童哲学"的诞生。

"儿童哲学"后来发展到为包括从幼儿园到大学的学生在内的不同人群提供哲学探究课程，而且正在世界范围内被越来越多的国家采用。美国有 5000 多所学校教授"儿童哲学"课程，相关的"儿童哲学"小说和有关理论著述已经被翻译成 18 种语言。"儿童哲学"在南美洲也颇为流行，统计资料显示，单在巴西就有大约 30000 个儿童在学习"儿童哲学"课程，其他采用"儿童哲学"的国家还有秘鲁、哥伦比亚、危地马拉、智利等。墨西哥有 6 个"儿童哲学中心"，在澳大利亚、加拿大和我国台湾省也有很多专门研究"儿童哲学"的学者与相关的"儿童哲学"活动。东欧的一些国家如俄罗斯、亚美尼亚、波兰、匈牙利、保加利亚等都对"儿童哲学"表现出强烈的兴趣。

李普曼在离开哥伦比亚大学哲学教授的岗位之后，于 1974 年创立了"儿童哲学促进协会"，专门研究和发展"儿童哲学"课程。"儿童哲学"课程由一些精心编制的作为哲学讨论起始话题的故事组成，课程的核心部分是一些适用于 3 岁到成人的篇幅短小的哲学小说和教师指南，被广泛用来以哲学为手段培养学生的思维能力。

"儿童哲学"作为一项对儿童进行思维教学的计划正在世界范围内兴起，李普曼因为"儿童哲学"的成功深受鼓舞。他认为学校教育在教会学生思维方面是失败的。他在自己的大学课堂教学中总能发现不少学生表现出低水平的思维状态。为此他常常感叹："为什么一个四五岁的孩子总是充满了好奇心、创造力和对世界的兴趣，而且总是不停地追问'为什么'，而到了 18 岁却变得消极、缺乏反叛精神甚至厌学呢？"（Lipman，1982）如果教育应该教会学生思维，为什么却培养了那么多不会思维的人？

在李普曼看来，思维能力是可以通过练习、训练得到确立和内化的。教育可以改变一个人，但教育要改变人必须首先改变自己，即把思维而不是知识作为教育的首要目标。为此，他力主在课程计划中增设一门新的课程，这门新的课程也就是"儿童哲学"。李普曼说，儿童们带着强烈的好奇心和求知欲进入学校，而这种好奇心和求知欲却在学校生活中逐渐消退殆尽，这是传统的学校教育的结果。他强调，我们应该充分利用儿童身上的潜质，充分利用他们的好奇心和求知的强烈欲望。他之所以认为"儿童哲学"课能够教会学生思维，是因为这门课程可以发展学生的推理能力，可以弥补在普通的教学计划中被忽视的那些方面，同时可以作为提高学生的自尊心和道德价值观的手段。他认为经过这门课程的学习和训练，学生们在其他课程学习中的思维能力也能同时得到提高。

李普曼认为，推理和思维能力并不是像有些人认为的那样，"在学习的过程中自然就能够得到发展和提高"，他坚持作为专门训练学生思维的"儿童哲学"对提高学生的思维能力具有其他学科无法取代的功效。

至今，李普曼的"儿童哲学"思想在我们国家也有了相当的影响，不少中小学校都在尝试进行"儿童哲学"课程的实验，并取得了明显进展，显示出它在发展学生思维和个性方面的特殊价值与成效。

## 二、"儿童哲学"课程的实质

"哲学"和"儿童"之间原本就有天然的亲缘关系。

"哲学"并不是智慧，而是对智慧的热爱。"哲学就是爱智慧"，这是哲学最本真、最纯正的意义。有人专门对"哲学"一词的来历做过考证，认为"哲学就是爱智慧"一说源于毕达哥拉斯。据说是毕达哥拉斯最先使用了"哲学"（philosophia）一词，他嫌"智慧"（sophia）之称自负，便加上一个表示"爱"的词头（philo），成了"爱智慧"。

对所有的希腊哲人而言，不管他们对"什么是智慧"有多少争论，对智慧的热爱和追求则是他们共同的精神品质和取向。"在此意义上，柏拉图把哲学家称为'一心一意思考事物本质的人'，亚里士多德指出哲学是一门以求知而非实用为目的的自由的学问。"（周国平，1996）翻开任何一本《西方哲学史》，都可以看到泰利士（古希腊哲学家）"因为在一个圆内画出直角三角形而宰牛欢庆"，毕达哥拉斯"因为发现勾股定理而举行百牛大祭"，阿基米德在罗马军队已经攻入叙拉古城，就要杀死他时还在专注于他"潜心研究的一个图形"等诸如此类的记载。透过这些广为流传的哲学故事，我们体会到的是哲学家对真理、对求知、对智慧的那种深沉执着的热爱。从这个意义上说，把哲学理解为"爱智慧"便是回到了哲学本身。

哲学是对智慧的热爱，对真理的追求，这种热爱和追求都源自人类困惑和好奇的心理。在儿童的本性中，天生就有一种形而上学的冲动，有追究人之本源的欲望。人类最初的哲学兴趣，正是产生于"寻找变中之不变，相对中之绝对，正是为了给人生一个总体说明，把人的瞬息存在与永恒结合起来"。于是，"我从哪里来？我到哪里去？我是谁？"成为哲学永恒的主题。而儿童也经常关心这样的问题，"妈妈，我是从哪里来的，为什么会有我"，或者"这是什么，那是什么，为什么会这样"。在儿童的这些不经意的问话当中，蕴含着的何尝不是一种哲学的精神，一种对智慧的热爱和追求呢？

可见，哲学始于人类的困惑和好奇，而困惑和好奇是儿童的天性，因此，儿童和哲学天然就有不解之缘。"哲学"和"儿童哲学"进入教育关怀对教育提出了新的要求。教育是保护还是戕害儿童好奇、惊异的天性？教育能不能将儿童思维"哲学化"，使儿童学会像哲学家那样思考问题？这是一个全新的挑战，也是充满诱惑和希望的改革。李普曼设计"儿童哲学"课程的目的正在于此。

李普曼把"儿童哲学"定义为，"一种运用到教育中，目的在于培养具有高水平的、熟练的推理和判断能力的学生的哲学"
（Lipman，1991）[112]。"儿童哲学"是一种应用哲学，但并不是一项
用哲学家的观点去澄清和解决非哲学家所遇到的问题的计划。它的目
的是使儿童"哲学化"，使儿童学会像哲学家那样思考，使儿童从日
常思维转向反思性思维，从不假思索转向深思熟虑，从常规思维转向
批判性思维。

下面的表 3-1 列出了日常思考和批判性思考的不同要素（费舍
尔，2007）[31]。

表 3-1　日常思考和批判性思考的不同要素

| 日常思考 | → | 批判性思考 |
|---|---|---|
| 猜测 | → | 估计 |
| 喜好 | → | 评价 |
| 假定 | → | 证实 |
| 联想 / 列举 | → | 分类 |
| 想当然 | → | 假说 |
| 判断 | → | 分析 |
| 推测 | → | 推理 |

李普曼从美国的哲学家皮尔士和杜威那里获得了其"儿童哲学"
的理论基础。皮尔士提出了"集体探究"的概念，认为科学的进展依
赖于一个大的智囊集体的共同探究，这个集体超越了任何一个个体的
思维者，最终超越了时间和地域的界限。在杜威的理论中，李普曼找
到了促使教师把课堂转变为集体探究的教育学根据，那就是杜威坚持
的"学习是从对经验的反思开始"的观点。李普曼希望学生体验到作
为一个哲学家和用哲学家的方式思考问题的感受。在杜威看来，经验

不只是做事情，更是要进行主动的、反思性的思维。在经验中学习，不仅包括学生带进教室的经验，而且包括他们在教室中获得的想象性、反思性的思维的经验。当人们遇到难题、疑惑和不解时，就需要反思性思维。常规思维意味着对问题提出雷同的解决办法，反思性思维是对更好答案的探求。

在"儿童哲学"的视野中，哲学是引起学生探究和创造的诱因，而不是一堆强加给学生的知识。哲学始于儿童对世界的疑惑和天生的好奇心，它以问题吸引儿童对真理探究的兴趣和注意力，用"为什么""怎么办"等问题去为事物寻求合理的解释。哲学最典型的问题可分为几类。第一，逻辑学的问题，比如：真理是什么？它意味着什么？它能否被证明？第二，伦理学的问题，包括：什么是对的？什么是错的？我们应该怎样生活？我们应该怎样对待别人？第三，认识论的问题，比如：知识是什么？我们怎样变得有知识？我们能否对世界不再疑惑？第四，形而上学的问题，包括：人是什么？时间是什么？上帝是什么？第五，美学的问题，诸如：美是什么？艺术是什么？如何评价艺术品？等等。而所有这些都与儿童的思维有关，与问题解决程序有关。

哲学是当思维意识到本身的存在时所发生的那些事情。它为学生们提供了一个机会：不仅开始学着接受各种不同的观点，而且更加清楚地意识到自己是一个批判性的思维者。实践结果显示，接受过"儿童哲学"课程的儿童往往能够开始用一种全新的方式看待他们自己和这个世界。他们接受了以前从来不曾想过的观点，而且他们不再受他人答案的限制，而是自由地探求新的可能性和新的思考问题的方式。他们越发认识到自己是一个思考的主体。一个11岁的儿童这样总结哲学："哲学是一种练习，通过这种练习，你可以训练自己更好地思

维。"（Fisher，1998）[21]

### 三、"儿童哲学"课程的价值

"儿童哲学"在世界范围内迅速引起广泛的关注，是由于人们逐渐认识到"儿童哲学化"与"哲学儿童化"既满足了儿童发展思维的内在需要，又顺应了当下社会发展的文化特性。

第一，思维训练是儿童的内在需要。每一个儿童的思维都有着巨大的发展潜力，他们有权要求自己的思维能力得到应有的发展，有权要求所有那些使人之所以为人的潜力获得适当的教育。因此，发展学生的思维不是将儿童训练成为一个会思维的工具，而是使儿童成为会思维的、真正意义上的人。思维训练也就是为渴望获得发展的儿童提供发展创造性思维的材料和空间，使儿童摆脱传统的知识传递、机械性操练的记忆之学，让儿童学会思维，学会批判，学会创造。

第二，思维给人们带来快乐。头脑是用来解决问题的，从解决疑难问题当中人们能够体验到一种成功的乐趣。对于希腊人来说，哲学就是提出问题和解决问题的过程，同时也是给人快乐的过程。他们认为，人类对自身智慧的使用不仅产生美德，而且会带来充分的满足感。19世纪的哲学家们进一步发展了这种观点，他们把人类的快乐分成高级的快乐和低级的快乐。高级的快乐来自精神方面，这种快乐比来自身体方面的低级的快乐更为深刻持久，能够产生的满足感也更为强烈。问题的复杂程度越高，思维能力体现得越充分，带给人的快乐也就越多。今天，现实中的情形仍然是这样的，从"动脑筋"类书籍的畅销和"最强大脑型"电视节目的流行，我们也可以感受到思维给人们带来的快乐。学校里的情况也是如此，一些研究发现，如果学生在课堂上受到更多的智力方面的刺激，他们则表现出对课堂更积极热情的参与。学生们普遍反映，他们喜欢能够激起他们进行思维的教师，这些教师不是告诉他们那些已经知道的东西，而是要求他们必须自己去思维、自己去发现；他们更愿意学习这样的课程，在这种课程中，他们不断地被要求对信息进行解释、分析、操作，或者把学到的知识和技能运用到新的问题和新的情境中。总之，能够对学生的思维不断地发出挑战被认为是"高成效"的教师和成功的学校教育的典型特征。

第三，思维不仅能带来快乐，它还是有用的。许多要求发展思维和学习能力的理由都是工具主义和实用主义的，或者同公民个人和社会的成功直接相关。这种观点产生于整个国际社会对教育标准降低的忧虑。同时，一种新的观点认为，包含"读、写、算"三种能力的"3R"教育应该被补充为"4R"教育，即推理（Reasoning）能力已经越来越重要。这种"回到基础"的观点主张，教会思维和推理对于提高教育标准是最核心和最关键的。一个社会所拥有的最重要的资源是它的人民的智力资源，一个成功的民族将是一个善于思维的民族。在这个社会中，公民的终身学习的能力能够得以充分体现。

第四，社会在急剧地变化，很难判断未来需要的是什么样的知识，这意味着学校必须从关注信息和知识的传递转变到关注教会学生学习和思维。学生们将来要面临的是一个无法预知的世界，这需要他们掌握足以能够控制自己的生活和学习的思维技能。为此，学生需要尽最大可能地进行批判性、创造性的思维。我们不知道将来会遇到些什么问题，所以我们最好从现在就开始学会思考。

第五，思维不仅有助于获取快乐及在迅速变革的社会中立于不败之地，而且可以提高道德品质、养成美德。智力美德可以被看作一系列品质的组合，包括好奇心、深思、追求真理的勇气和决心、进行思考和分析、做出判断和否定自我的意愿、对不同观点的开放态度以及在实践中发展的观念等。这些品质都需要经由自己思维或者同他人共同思维得以培养形成，"儿童哲学"探究正是培养这些品质的一种较好的方式。人之所以成为一个人，意味着人有了关于自我的概念，包括把自己作为一个主动的思维者。"我思，故我在"，如此我才是我自己而不是别人，我是有个性的而不是芸芸众生中的一个标准件；有合理的"自我意识"的人才会获得真实的"他人"概念，才会在与他人交往的过程中对"他人"有合理的态度。广义的教育目的本身就包含了发展学生的注意、合作、组织、推理、想象和探究等智力美德与品质。学校教育有责任培养学生不断追求真理、踏踏实实和尊重别人的优点。"儿童哲学"探究的核心目标就是发展学生的这种智力美德。曾经接受过"儿童哲学"训练的学生有一种共同的感受：一个人也许原本是一个很善于思维的人，但有时出于懒惰不愿意动脑子。而在"儿童哲学"课上，会有一种冲动促使他们思考，因而变得愿意思考，同时也不得不真实努力地思考。

第六，人类生活的社会本质，特别是民主和公民的权利义务之间的联系决定了教会学生思维的重要性。一个充分鼓励民主参与的社会需要的是能够自己思维、自己判断和自觉行动的高度自主的公民。教育要培养有着高度自主性的人，首要的一点就是教会他进行批判性思维。如果公民不具备区分谎言和真理的能力，就根本不可能有文明健康的社会。随着外界铺天盖地的信息都以强力之势试图说服人们接受各种见解和观点，人们需要的是借助批判性思维形成对公共事务的判断能力。哲学探究涉及对道德模式和社会价值的探究，目的在于通过儿童作为对世界的思维者以及将来作为对世界的改造者，在对世界的参与中发展他们的批判意识。教育应当是一个过程，在这个过程中，儿童逐渐认识到人所拥有的自由和所承担的责任的本质。而在今天的学校里，学生面临这样一种危险：他们的真实想法被忽略和掩盖，为的是复制和模仿老师与同伴的想法。学生们受着一种诱惑，就是过分依赖于海德格尔（德国哲学家）所批判的"传闻"，即把没有经过学生自己思考和解释的第二手观点与经验从外部灌输给学生。而教会学生思维，意味着不人云亦云，不随声附和，不道听途说，能够清醒地认识到自主思维和表达自己观点的责任。

## 四、"儿童哲学"课程的设计

"儿童哲学"课程目标旨在启迪儿童智慧，引发儿童思考，是专门培养儿童批判性思维和反思性思维的一门课程。吴国平及其"儿童哲学"研究团队基于多年的理论研究和实践探索，从"本体论、认识论、方法论"三大哲学命题出发，将"儿童哲学"课程一级目标确定为"认识""方法"与"实践"三个方面；在此基础上，又从"认识世界""发现问题""学习方法""聪明行事""悦纳自我""尊重伙伴"六个方面制订了通过课程学习使学生达到的六维二级目标；进一步地又针对低、中、高不同年龄段学生的特点，细分出课程的三级目标（吴国平，2018）[24-28]。见表 3-2 至表 3-4 所示。

表 3-2　低年级"儿童哲学"课学习目标

| 一级目标 | 二级目标 | 三级目标 |
|---|---|---|
| 认识 | 认识世界 | 1. 对自然界的现象充满好奇，爱问各种各样的问题。 |
| | | 2. 对身边的人和事充满兴趣，关心生活中发生的事。 |
| | | 3. 知道多种收集信息的渠道，能运用身体的各种感官去认识事物。 |
| | | 4. 经常收看、收听新闻，试着把自己了解到的新闻用语言表达出来。 |

续表

| 一级目标 | 二级目标 | 三级目标 |
|---|---|---|
| 认识 | 发现问题 | 5. 能从故事中发现问题，并且能用语言把问题表达出来。 |
| | | 6. 能从生活中发现问题，并且对问题产生兴趣。 |
| | | 7. 能从课堂学习中发现问题，能即时把自己的问题当众说出来。 |
| 方法 | 学习方法 | 8. 初步知道事物之间是有一定的联系的。 |
| | | 9. 能够用简单的因果关系表达自己的想法。 |
| | | 10. 喜欢想象。 |
| | | 11. 知道很多时候问题的答案不止一个。 |
| | 聪明行事 | 12. 做事之前能想一想自己行为的对与错，做错事后能改正。 |
| | | 13. 遇到困难不灰心，尝试着去想办法解决。 |
| | | 14. 能听取正确的意见，学习把事情做好。 |
| | | 15. 有一定的时间概念，做事不拖拉。 |
| 实践 | 悦纳自我 | 16. 热情地倾听别人的发言，听懂别人要表达的意思。 |
| | | 17. 在集体活动中不胆怯，做个活泼有生气的孩子。 |
| | | 18. 在校内外交好朋友，越多越好。 |
| | 尊重伙伴 | 19. 喜欢自己和别人的优点，尽可能多地说出自己和同伴的优点。 |
| | | 20. 在别人不高兴的时候会说一两句安慰和鼓励的话。 |
| | | 21. 能感受到别人给自己的爱。 |
| | | 22. 心里有一个榜样，努力向他 / 她学习。 |

表 3-3　中年级"儿童哲学"课学习目标

| 一级目标 | 二级目标 | 三级目标 |
|---|---|---|
| 认识 | 认识世界 | 1. 对世界充满好奇，爱问"为什么"一类的问题。 |
| | | 2. 关注生活中发生的事，善于去了解和发现。 |
| | | 3. 主动从多种渠道收集信息。 |
| | | 4. 养成收看、收听新闻的好习惯，能有选择地用连贯的语言说出重要新闻的主要内容。 |
| | 发现问题 | 5. 能从生活中发现问题，并且对问题产生一些思索。 |
| | | 6. 在课堂学习中不盲从别人的答案，敢于表达自己不同的发现和想法。 |
| | | 7. 尝试将自己的问题和发现记录下来。 |
| 方法 | 学习方法 | 8. 学习用联系的方法来认识事物、了解事物。 |
| | | 9. 能够用简单的因果关系来分析问题。 |
| | | 10. 尽可能多地寻找解决问题的方法。 |
| | | 11. 学习从不同的角度去思考问题，不钻牛角尖。 |
| | 聪明行事 | 12. 在是非面前能做出较为正确的判断，尽量避免出现相同的错误。 |
| | | 13. 遇到困难和挫折不退缩，能够想办法去解决。 |
| | | 14. 懂得去寻求自己还能做得更好的办法。 |
| | | 15. 做事情一心一意，不浪费时间。 |
| 实践 | 悦纳自我 | 16. 认真地倾听别人的发言，能听懂发言的主要内容。 |
| | | 17. 与人交往时，有礼貌地表达自己的想法。 |
| | | 18. 与好朋友相互沟通信息，培养共同爱好。 |
| | 尊重伙伴 | 19. 善于发现自己和别人的优点，不嘲笑别人的错误和缺点。 |
| | | 20. 对生活中的善恶美丑有一定的感知能力。 |
| | | 21. 有人需要帮助，能主动用语言和行动去关心。 |
| | | 22. 培养一个有益的兴趣爱好。 |

表 3-4　高年级 "儿童哲学" 课学习目标

| 一级目标 | 二级目标 | 三级目标 |
|---|---|---|
| 认识 | 认识世界 | 1. 对大自然充满好奇，爱思索 "为什么" 一类的问题。 |
| | | 2. 对社会现象能进行发现和思索。 |
| | | 3. 能够主动从多种渠道收集自己需要的信息。 |
| | | 4. 能对了解到的新闻做一些判断与思考，有选择地在日记中表达。 |
| | 发现问题 | 5. 对于学习生活中产生的问题，敢于在众人面前表达出来。 |
| | | 6. 在学习生活中不局限于已有的知识经验，培养健康的质疑与思索。 |
| | | 7. 能够记录自己的发现思索以及收集到的相关信息。 |
| 方法 | 学习方法 | 8. 继续学习用联系的方法来看待问题、理解问题。 |
| | | 9. 学习用一些简单的推理方法来分析问题。 |
| | | 10. 尽可能多地了解事情的真相，讲出更多的证据。 |
| | | 11. 学会联系实际生活来讨论问题，想办法解决问题，对具体问题进行具体分析。 |
| | 聪明行事 | 12. 在学习生活中具有主动性。 |
| | | 13. 遇到困难和挫折能运用合作的方法与同伴一起解决。 |
| | | 14. 懂得在处理身边的事情时寻求更好更简洁的方法。 |
| | | 15. 能比较合理地安排自己的作息时间。 |
| 实践 | 悦纳自我 | 16. 认真地倾听别人的发言，能听懂发言的主要内容并产生自己的想法。 |
| | | 17. 与人交往时，有礼貌地用较连贯的语言表达自己的想法。 |
| | | 18. 在人际交往中懂得为别人想一想。 |
| | 尊重伙伴 | 19. 善于学习别人的优点。 |
| | | 20. 对于生活中的善恶美丑有一定的判断能力。 |
| | | 21. 尝试着去爱身边的人。 |
| | | 22. 相信自己，对自己充满信心。 |

## 五、"儿童哲学"课程的实施

"儿童哲学"作为一门促进思维发展的专门课程，以一种集体探究的方式，培养和发展人的思维能力，并充分显示出其价值和功效。"儿童哲学"并非对学生进行抽象的、概念化的哲学知识传授，它主要通过"提问—思考—追问—再思考"的过程，促使学生发展思维能力，提升思维品质和水平。

考虑到苏格拉底的对话法已经被公认为对有关生命的最基本问题寻求答案的最有效方法，李普曼决定通过这种方法把哲学引入学校课程。在实践中他发现，语言是思维最本质的工具。儿童在合作和对话、讨论中能够发挥出较好的思维水平。"儿童哲学"课程计划的总体目标，就是要通过"集体探究"的形式在课堂上发动学生们进行哲学讨论。

根据李普曼的设计，每个哲学小说有一个关于人类心灵活动的主题，小说的唯一目的是引起智力争论。哲学小说的最大缺憾，在于它们不是文学意义上的好作品，不能够像故事那样吸引人们产生兴趣，但李普曼把这一点看作有利条件。过去学生们读的故事大多不含哲学问题，也不给学生提供探究性思维的模式。因此，很多学生只是文学素养得到了提高，而思维并未能够发展。学生们甚至由此认为读书只是明白书中字词的含义，而不去思考这些词语在故事中具体意味着什么，要向读者传递一种什么样的信息。李普曼的哲学小说中到处充满着令人难以回答的问题，这些问题的目的很明确，就是要激起疑问和哲学讨论。这种讨论主要在学生之间展开，而且充满了推理性和思想性。

"儿童哲学"课究竟应该怎样上呢？按照李普曼的建议，每周上两次，每次一个小时。每一堂"儿童哲学"课包括几个环节：阅读一段李普曼的哲学小说，由学生们提出问题，选出一个主题进行集体讨论。教师还可以根据讨论计划提出问题，对讨论进行拓展，或者通过准备性的练习选择特定的主题，组织学生进行哲学讨论。

下面是摘自李普曼哲学小说的一个片段。节略和改编后被一个英国的教师用作引起哲学讨论的材料（Fisher，1998）[30]。

一个星期五的晚上，弗冉和劳拉在吉尔家里玩。

吉尔说："好像有一首曲子一直在我的脑子里回荡，每当我想要做作业或者睡觉的时候，它就来了。"

劳拉说："我有时也做那样的梦。我的祖母病了很长时间，她死了以后，我一直梦到她，而且我总感觉到她使我梦到她。可是她已经死了，怎么会这样呢？"

弗冉说："死了的人什么也不可能对你做。"不过又加了一句，"他们能吗？"

吉尔冲弗冉做了一个鬼脸，说："我最后一次听到曲子的声音是在一个星期以前，但它给我留下了一个非常强烈的印象。那么，是不是有这样一种可能：劳拉祖母的去世给她留下了深刻的印象，所以她从那时起一直做梦？"

劳拉摇头道："我看到月亮，是因为月亮就挂在外面，使我看到了它，不是吗？现在在我的思想中，我听到你的声音，那是因为你正在同我说话。所以我想，我头脑中所有的想法是由头脑以外的事物引起的。"

"那太荒谬了。"吉尔说，"在我的思想里只有想象的东西，而在我头脑之外的生活中，则根本没有这些东西，比如，小精灵、吸血鬼等。"

"是的，"劳拉说，"确实我不相信有那种东西。但即使如此，总有些人在告诉我们这些东西，让我们思考这些东西。"

"劳拉，"弗再打断道，"你一直在讲什么在你的思想里、什么不在你的思想里，到底什么是思想？你是怎样知道你有一个思想的？"

通过这样的谈话，一个作为哲学讨论的主题的问题被提了出来。

在典型的"儿童哲学"课上，学生围坐成一个圆圈，教师也是这个群体的一分子。选好的哲学小说由每一个人轮流朗读一个部分。读完以后教师请大家一起回过头看整个故事，提出大家感兴趣、有疑虑或者值得讨论的问题。先给一定的个人思考时间，然后是共同讨论提出问题的时间。教师记下每一个人提出了什么样的问题。当足够数量的问题被提出来以后，教师要求大家选出一个问题作为讨论的主题。主题选出之后，教师要求这个问题的提出者对问题做一个简短的说明，以明确从哪个角度开展讨论。接下来的活动包括对具体问题进行讨论、形成概念、得出有创意的结论等。这些都可以在教师的引导下完成。在这样的讨论中，学生的判断能力和创造性思维能力都得到了发展，而且形成了一个特殊意义上的集体，就是李普曼所说的"探究集体"。

可见，"儿童哲学"的教学主要以讨论的方式展开。李普曼认为，儿童天生倾向于用早已被成人遗忘的方式对问题进行质疑和思考。而恰恰是这种讨论有助于儿童去感觉、构建和解释他们的生活世界，让儿童以一种有利于他们对自身和世界的理解的方式去构建他们的生活世界。

在讨论中，教师有责任捕捉讨论的思维火花并帮助儿童厘清讨论的成果。这种讨论有助于提高三种类型的思维能力：批判性思维、创造性思维和情感思维。李普曼和他的合作研究者把经由"儿童哲学"发展起来的思维能力分成几类：形成概念的能力、探究的能力、推理的能力、解释的能力等。而且，李普曼认为光有能力是不够的，"儿童哲学"还必须同时培养个体具备一种态度和主动运用这些能力的倾向与意愿。只有具备了主动的态度和意愿，这些思维能力才会有实效。另外还有三种意识是"儿童哲学"应该培养的，即批判的意识、创造的意识、合作的意识。

"儿童哲学"课程提供了这样一条途径：通过一个故事作为刺激物，发展推理的多种能力。美国和其他许多国家的一些实验研究已经证明，由受过良好培训的教师对儿童进行哲学思维的教学，能够使学生在推理能力、阅读理解能力和运算能力等方面得到明显的提高。因为这种讨论的形式非常灵活，各种各样的观点都可以在讨论中自由发表。而一个称得上有效的"儿童哲学"讨论，需要使推理、反思和道德责任感都得到训练，真正像有的儿童所感受的那样："儿童哲学"使人善于思考，使人更为完善。

然而，这个计划在实际的教学中也面临一系列问题。教师遇到的第一个问题是李普曼的哲学小说缺乏文学色彩，这使得一些教师转而从传统的故事、图画书和其他作品中去发现适合哲学讨论的素材。他们认为，很多儿童文学作品都可以提供丰富的哲学探究的内容。教师面临的第二个问题是，他们缺乏实施哲学讨论的训练，而且要将哲学讨论和学校课程结合起来有一定难度。正因为如此，我国一些中小学校在探索"儿童哲学"的教学进程时做了一些本土化的调整和重新建构，他们概括提炼了"自由讨论式""主题讨论式""论辩讨论

式""主讲讨论式""交流讨论式"等"儿童哲学"课的五种教学模式
（吴国平，2018）[56-57]。

## 六、"儿童哲学"课程的本土化重构

经过多年不懈的大胆尝试和深入探索，上海市杨浦区六一小学
（以下简称六一小学）、上海市杨浦区建设小学等开展的"儿童哲学"
课程积累了有效经验，并产生了广泛影响。不仅"儿童哲学"作为
学校的一门常规课程在一至五年级形成了有机的整体和连贯的系统，
而且，"教育应发展学生的思维能力"已经成为一个共识性的教育理
念渗透到全校教师的意识和观念之中。同时，经由这门新的课程的
开发，学生的精神面貌大为改变，"每一个人都是思维的主体"成为
六一小学教师和学生的一种自觉的生活方式。

李普曼的"儿童哲学"在中国的学校里得到了创造性的重构和发
展。教师们并没有完全按照李普曼编制的"哲学小说"来进行教学，
更多的是由教师自己寻找那些适合中国学生并容易激发思维的"哲学
故事"。在多年研究和实践探索的基础
上，上海的研究者和实践者们一道研
制开发了专门的《儿童哲学》教材。

"儿童哲学"课在六一小学的不同
年级是以不同的形式进行的。针对不
同年龄学生认识能力和思维能力的特
点，一年级的"儿童哲学"课主要是
让学生"听故事提问题"，二年级和三
年级分别采用了"寓言故事"和"成
语故事"的形式，四年级是"时事论

坛"，让学生就当时发生的热点问题发表自己的意见和想法，五年级采用的形式是"辩论演讲"，更注重学生自己的参与，也体现出对学生思维能力的更高要求。

除了"儿童哲学"作为一门基本课程的形式之外，各年级、各学科同时强调"儿童哲学"课的思想、内容、方法在学科课程中的渗透。比如，语文课和数学课，要求教师们一方面注意挖掘教材中渗透的哲学内容和方法，另一方面更要把"儿童哲学"课注重培养学生的思维能力和探究精神的理念带到各学科的教学之中，包括道德与法治课、科学课等，都必须体现"儿童哲学"的学科渗透。此外，六一小学还创造性地提出了"儿童哲学"的拓展课，对象主要是四、五年级的学生，目的在于以"儿童哲学"课为中介，让学生的学习和思维的空间得以延伸，让学生在做中学到知识，在参与中思维能力得到提高，探究的意识和精神得以养成。

总结起来，六一小学的"儿童哲学"课以三种形式呈现："儿童哲学"活动课、"儿童哲学"渗透课、"儿童哲学"拓展课。其中，"儿童哲学"活动课是最基本的；渗透课和拓展课的展开以活动课为基础，不但借鉴活动课的经验，而且充分利用在活动课上积累的经验和取得的成果。

表 3-5 关于传统课堂教学与哲学渗透课堂教学的比较（吴国平，2018）[57]，从教学目标、教学内容、教学方式、教学评价四个维度，对比了两类课堂在理念和行为方面可能存在的差别。

表 3–5　传统课堂教学与哲学渗透课堂教学的比较

| 类别 | 传统课堂教学 | 哲学渗透课堂教学 |
| --- | --- | --- |
| 教学目标 | 强调对知识、概念的理解、识记、掌握、运用的数量 | 传授学生获取知识的方法，强调思维训练，进行创造性思维培养，教学生学会思考、学会学习 |
| 教学内容 | 书本的知识 | 以教材为载体，用活教材，为培养学生能力服务 |
| 教学方式 | 传授为主，学生被动接受 | 多变开放的教学方式，教师、学生都是探究者 |
| 教学评价 | 学生掌握知识的数量和优劣 | 学生思考、分析、解决问题的能力 |

一般的活动课的基本模式包括这样几个环节：先让学生了解材料；再由学生提出感兴趣、有疑问或值得讨论的问题；最后选出一个主题进行讨论。教师的作用主要是组织和引导。整个讨论并不追求必须得到一个一致的结论。在这样的提问和讨论中，学生的判断能力和创造性思维能力得到了发展，形成了一个接近李普曼所指的"探究集体"的特殊意义上的集体。

笔者曾在六一小学听过这样一堂三年级学生的"儿童哲学"活动课，课堂的基本材料是一则题为"嗟来之食"内容约 200 字的成语故事。在学生阅读了教师事先发下的故事材料之后，教师要求学生对有疑虑的地方提出自己的问题。全班学生每个人都提出了自己的问题。其中，不乏一些精彩的问题。如有的学生提出疑问："为什么会发生饥荒？""为什么饿汉那么穷，财主却有钱有食物？""饿汉为什么情愿饿死也不吃财主给他的食物？"等等。教师引导学生选择一个问题作为课堂讨论的主题，大部分学生选了"为什么饿汉情愿饿死也不吃财主给他的食物？"这一问题。在全部学生积极动脑思考，为这个问题寻找答案进行讨论的过程中，教师引导学生提升出了一个与这个问题有关，同时又富含哲学意味的另一个问题，就是"生命和尊严哪个更重要"。在激烈的讨论中，有的学生认为，生命比尊严更重要，"因为没有生命就什么都没有了"。有的学生觉得，尊严比生命更重要，"因为没有尊严别人会看不起你"。还有的学生语出惊人，说生命和尊严同样重要，"因为没有生命就没有尊严，没有尊严生命就没有意义。生命和尊严的关系就像一个人的手心和手背"。

在这样的课堂教学中，学生的思维明显被激活了。整个一堂课听下来，最深刻的感受是，学生思维的潜力是巨大的，只要为学生创设适宜的氛围和条件，学生思维的积极性就能够得到发挥。整堂课上学生的兴致高涨，思维活跃，真正成了课堂的主人。相反，教师讲得反而少了，只是在关键的时候起到指引的作用。但教师的作用却显得更为关键了，学生的思维朝哪个方面发展，都需要教师的引导。课后任课教师告诉我们，整个一节课她都精神高度紧张，因为事先不知道学生会提出什么问题。所以，怎么设计问题，把学生的思维往什么方向引导，都需要教师临场发挥。这对教师驾驭课堂的能力是一个挑战。

"儿童哲学"课程实验给六一小学带来了变化。在目睹六一小学变化的过程中，我们对"儿童哲学"课程实验有了更多的感悟。

经过对"儿童哲学"课程理论的学习和实践的探索，学校最大的变化是领导和教师的教育理念得到了明显的更新。尤其表现在两个方面。

第一，促进学生思维能力的发展成为该校教育教学的重要目标。过去，受应试教育的影响，六一小学也存在着教学以知识传授为最终目的的现象。经过"儿童哲学"课程的实验，教师们普遍认为，学生思维能力的发展才是教育的最终目的，只有思维能力得到发展，才有助于学生整体素质的提高。

第二，把课堂还给学生，让学生成为教学的主体成为该校教师的共识。在"儿童哲学"课上，教师们都发现了一个长期被他们忽视的事实：学生是能表达的，他们也是会表达的；学生是会思考问题、解决问题的，关键是教师要把表达的自主权、思考的自主权还给学生。观念更新了之后，教师们的确是这样做的。三年级的学生许冰清在日记中这样写道："以前无论上什么课，都是老师讲，学生听，现在我们自己能讲，同学能讲，大家都讲，不用害怕会有标准答案，不用害怕讲错，这太好了！"

上完"儿童哲学"课以后，反应最直接、最强烈，变化最明显的还是学生。这是家长和教师的一个共同感受。学生的变化主要表现在以下几个方面。

第一，思维潜力被激活了。学生从过去被教师提问到现在自己提问题，从过去被动等待教师的答案到现在自己解决问题，从过去不善于提问、提的问题不扣内容，到根据内容提问、提出精彩而令教师吃惊的问题，其中反映出的是学生思维的潜力正在逐渐被激活，思维能力正在发展和提高。用学生最简单、最质朴的话说，就是：我们喜欢"儿童哲学"课，"儿童哲学"课使我们变聪明了。

第二，语言表达完善了。在"儿童哲学"课上，最令学生兴奋的事情就是被教师提问，在同学面前发表自己的观点和意见。由于没有标准答案的限制，教师鼓励的又是提出与众不同的观点，所以，学生发言的积极性特别高。"儿童哲学"课上教师讲得少，学生说得多，在多次机会的锻炼之中，学生的语言表达能力明显得到了提高。有的学生甚至能够旁征博引来论证自己的观点，有的学生表现出了辩论和演讲的才能，就连平时不敢开口发言的学生在"儿童哲学"课上也异常活跃。过去人们认为语言是思维的工具，其实"语言本身就是思维"。人们在语言中生活，在语言中思考，语言就是思维最直接、最现实的体现。学生敢于开口说话了，他们的表达清晰了，使用的词汇丰富了，说明学生的思维能力提高了。

第三，研究性学习的习惯养成了。在"儿童哲学"拓展课上，六一小学为五年级学生开展了一个名为"小学生与大作文"的活动。把学生按照兴趣分成3—10人的协作小组，针对感兴趣的话题，在课余时间进行讨论、研究、调查，收集资料，最后写成主题聚焦的小论文。小组形成之后，各组便依据小组协作制订计划、开始行动了。学生们选取的话题有："减负利与弊""国产电器好还是进口电器好""少先队干部是否应该争着当""老人进敬老院好不好""有钱就有幸福吗""动物园里老虎咬死人谁之过""最新军事武器知多少"等。为了完成自己的课题研究，学生进行调查、采访，收集资料、查阅文献。在学生的采访对象当中，有大学教授，有退休教师；有从事不同职业的学生家长，还有本校的教师、普通的市民，以及课题所涉及的相关职业的人群。学生查阅资料的来源，有《辞海》《十万个为什么》《少年科学》等书籍报刊，还有互联网电子资源；为了得到数量足够的、准确翔实的资料，学生们的足迹遍布书店、图书馆以及与课题有关的商店、敬老院、动物园、植物园、街道、认识或不认识的居民家中等。在充分的调查、论证和小组反复讨论的基础上，学生们郑重其事地写出了一篇篇小论文，有的论文读起来真给人一种不得不对学生刮目相看的感觉。[①]

看到厚厚一摞小学生的"大作业"，作为研究者，我们感受到的

---

① 根据上海市杨浦区六一小学提供的"儿童哲学"课程研究材料整理。

是鼓舞，是抑制不住的振奋和激动。在学生的作业中，还有很多幼稚、不成熟、不完善的地方，但在每份作业的背后，包含着的却是学生亲历的经验、在经验中的成长以及真正个性、创造性思维的展现。透过作业中那些或稚嫩或有意模仿成人显现老练的话语，我们看到的是学生思维潜力的迸发，是学生探索性、研究性学习的能力正在得到锻炼和发展。更重要的是，在此过程当中，学生养成了探索、研究的学习习惯。凡事不再唯书唯上，不再盲目从众，而是要亲自调查研究，动脑思考，提出自己的见解和主张。这不正是过去的灌输接受式教育所缺失的吗？所以，学生的探索、研究学习能力得以发展，探索与研究的习惯和意识得以养成，这是"儿童哲学"课程最大的成功。

最后，"儿童哲学"课程的开设也使教师发生了明显的变化。教师除了强烈感受到要进一步学习，进一步提高自身素质特别是驾驭课堂的能力之外，自身反思性思维能力也有了提高。有的教师说，以往上课很少会产生深刻的感触和心灵的震撼，日复一日，有的只是枯燥、平淡和厌倦。而"儿童哲学"课则不同，学生们强烈的反应和超出教师想象的表现使教师不得不常常反思自己过去的理论和观念。每一节课之后，教师都会自然地反省自己的设计是否成功，哪一句话是关键的，哪一点还不太理想需要继续改进。通过反思，问题得到了及时的发现和纠正，教师的教学能力得到了提高。

"儿童哲学"课程在我国中小学校的实践探索和成功经验，是对李普曼最初关于"儿童哲学"理论的创造性借鉴和本土化重构，也的确在长期的持续研究中做出了有创见的发展，取得的成绩是明显的。但毕竟这是一项开创性、探索性的工作，难免还存在一些需要解决的问题。比如需要进一步深入研究"儿童哲学"的课程目标和教学目标，需要尽快开发经过科学论证的教材，还需要针对性的教师培养和培训，等等。在"儿童哲学"课上，教师的素质对于课堂的成功尤为关键。教会学生思维，教师首先应该学会思维。

◎ **本章回顾与反思**

1. 思维培养和学科领域之间有什么关系？

2. 你认为学校需要开设专门的思维课程吗？

3. 以你最熟悉的学科为例，阐述学校教学培养学生思维的三个改进建议。

# 第四章 思维课堂的构建

课堂教学应当成为一种情境，使一个班、一个组形成一个社会的统一体，有着共同的兴趣，在一个成熟的、有经验的人的引导下，生成理智的热情。一个学生可能是理智空虚而死气沉沉的，也可能是虽有理智兴趣，但对功课学习毫无兴趣。课堂教学这一段时间的任务，就在于激起学生的心灵，使它有所作为，使学生产生某种程度的理智的兴趣。

　　我们曾遇到过，有的教师并未受过教育学理论、心理科学知识等训练，然而却成了伟大的教师，他们中的一些人甚至比那些具有丰富的教育学知识的人更伟大。如果我们回顾自己的学校生活经验，也许不难发现这一事实的原因。给学生留下深刻、持久印象的教师，往往是能够唤起学生新的理智兴趣，把自己对知识或探索的热情传递给学生的教师，使学生有探究的渴望，找到自身的动力。这是一件最为紧要的事。有求知的渴望，心灵就会有所作为；没有求知的渴望，即使给他塞满了知识，到头来也几乎毫无所得。（杜威，1991）[215]

# 第一节　课堂教学的转换

在过去几十年如火如荼的教育改革中，教育理念和教育体系、制度、政策在许多方面都有明显改善和进展。至少在认识和观念方面，许多先进的教育思想和理论越来越深入人心，比如尊重儿童、重视差异等。然而，课堂教学改革一直被认为是最难啃的硬骨头，依然顽固地停留在传统的模式之中。"许多研究者坚持认为，无论中学还是小学，当代教育的结果都令人失望。造成这一结果的原因很多，其中之一是课堂教学思想匮乏并缺乏认知挑战。"主要的批评包括："学生很少被要求使用'高级'思考的技能，比如推论、演绎、分析和评价；学生没有足够机会通过讨论和小组活动提高社交技能以及合作和交流能力；有能力的学生没有被给予足够能挑战智力的功课。"（费舍尔，2007）[14]

因此，中小学要实现教会学生思考的目标，需要改变原有的课堂教学理念与模式依赖。旨在培养学生思维能力的教学应该重新构建一种新的教学理念，并形成相关的教学策略。在课堂教学中，传统的讲授式教学需要向"对话式教学"转换，并引导学生从被教师询问到主动发现，从被动应答到主动探究。

## 一、从"独白"到"对话"

在传统教学中，教师常常花大量时间事先概括好知识要点，然后在黑板上抄给学生，或者印成讲义发给学生，或在教学多媒体上呈现给学生。教师辛辛苦苦换来的结果是：测试学过的课文时，学生能考出相对偏高的成绩，测试从未学过的新知识时，学生的成绩很低；考题形式和内容同教师的讲义差别不大时，学生的成绩较高，当考题注重灵活运用时，学生的成绩偏低。即学生掌握了具体的知识，却没有掌握知识转化的能力。为什么会这样呢？主要原因在于教师习惯性地满足于"讲授"而剥夺了学生发表意见的机会，教学中只有教师的"独白"，几乎没有学生的声音，没有学生与教师的"对话"，也就没有了学生思维的主动发展。为思维而教的教学方式必须打破传统的"教师独白"，走向教师与学生"对话"，由"独白式教学"走向"对话式教学"。

对话式教学就是教师不断地询问学生对某个问题的解释，使学生处于思维的积极状态并迅速搜寻解决问题的策略。在对话和思维的关系上，人们一般认为思维产生了对话，而事实上是对话引起思维。在交谈和对话的情境下，人们必须思维，认真倾听，做出判断，形成自己的观点，大量的内心活动都是在思维的参与下完成的。所以，在教学中，最能够激起学生思维的不是听课，不是考试，而是课堂里的对话。

典型的对话式教学是孔子开创的"启发式教学"和苏格拉底倡导的"产婆术"。启发式教学的本意，在于调动学生的积极思维活动，培养其自觉性和独立思考、创造性思维的能力。孔子的"不愤不启，不悱不发。举一隅不以三隅反，则不复也"是对启发式教学的经典论述。孔子建议教师对学生进行启发要掌握最恰当的时机，要等到学生将要想出来而还没想出来、想要说出来又没能说出来的时候加以启发。

启发式教学包含着丰富的方法，其基本特征是在系列的、有一定逻辑序列的追问中展开教学。《论语》描述的几乎全是用对话的方式进行的教学。《学记》中也谈到了启发式教学，提出"君子之教，喻也；道而弗牵，强而弗抑，开而弗达。道而弗牵则和，强而弗抑则易，开而弗达则思。和、易、以思，可谓善喻矣"。即是说：好的教师教学，就是对学生进行引导。引导学生而不是硬牵着学生走；勉励学生而不是强行压制学生；开导学生而不是一下子把道理都讲给学生。引导而又不硬牵着走，就使教与学之间的矛盾关系变得融洽；勉励而又不强行压制，就使学生对学习感到轻松愉快，不产生畏难情绪；开导学生而不一下子把道理全讲出来，就可以调动学生独立思考，去自己发现，求得结论。如果真正做到了师生融洽、学生乐学又能够独立思考，那就可以说是善于引导了。这里的引导，其实指的就是启发，"和""易"都是达到启发效果的前提条件，是为了给学生的独立思考创造一个宽松的氛围，准备一个适宜的心理状态。

苏格拉底也用对话的方式开展教育活动。他用讨论问题的询问方式与人交谈，但不直接把结论教给人，而是指出问题所在，并一步步引导人最后得出正确的结论。这种方法被后人称为"苏格拉底法"，又叫"产婆术"。

"产婆术"包括四个步骤。第一，讥讽。即不断提出问题使对方陷入自相矛盾之中，最终不得不承认自己是无知的。第二，助产。帮助对方得到问题的正确答案。第三，归纳。从各种具体事物中找到问题的共性和本质。第四，定义。把个别事物归入一般概念。在苏格拉底的教育思想中，非常重要的一点在于，苏格拉底认为每一个人都天生具有发展的可能性，因此，他总是将别人和自己置于人格上平等的地位，并由此不把现成的答案直接教给学生，而是让学生自己通过探索去得出结论。他运用对话、追问、反讽的办法让那些自以为是的人意识到自己的无知，并最终发现真知。而由自己所发现的真知与从别人那里得来的知识是不同的。"知识必须自我认识，自我认识只能被唤醒，而不像转让货物。一个人一旦有了自我认识，就会重新记忆起仿佛很久以前曾经知道的东西。"（雅斯贝尔斯，1991）[10]

例如，苏格拉底在与一个士兵讨论"什么是勇敢"时就采用了追问的方法：

"什么是勇敢？"苏格拉底随便地问一个士兵。

"勇敢是在情况变得艰难时能坚守阵地。"士兵回答。

"但是，假如战略要求撤退呢？"苏格拉底接着问。

"假如这样的话，就不要使事情变得愚蠢。"

"那么，你同意勇敢既不是坚守阵地也不是撤退？"苏格拉底问。

"我猜是这样。但是，我不知道。"士兵回答。

"我也不知道。或许它正好可以开动你的脑筋。对此你还有什么要说的？"苏格拉底又问。

"是的，可以开动我的脑筋。这就是我要说的。"

"那么，我们也许可以尝试着说：勇敢是在艰难困苦的时候镇定、正确地判断。"苏格拉底说。

"对。"士兵回答。

类似这样的对话在苏格拉底的生活中时常出现。他经常在街头、集市和餐桌等不同的场合与手工艺匠、政治家、艺术家、智者和艺妓讨论。他抓住一切机会与每一个人对话。

在教学活动中，苏格拉底也采用对话的方式达到启发受教育者思维能力的目的。他完全采用问答的方式，以对话激起学生的思维。他主张教育不是知者让无知者跟从，而是师生共同探求真理。他从来不向学生直接陈述知识或传授知识，只是提出问题，让学生思考后回答，并根据学生回答的情况深入一层，继续提出问题，直至提出一系列的问题。学生不得不依据教师提出的问题，依靠自己掌握的知识进行独立思考，在主动、积极的思考中寻求正确的结论，以便获得知识，发现真理。

苏格拉底还常使用反诘法，即"从反面追问"。特别是在学生的回答反应不正确或不适当的时候，或者当学生在学习中遇到疑难向教师请教的时候，便使用反诘法，提出许多相关的问题，使学生从反问的问题中认识自己原有的错误，加以矫正，并发现思维的线索，找到问题的答案。通过这样一系列一筹莫展的"思"的痛苦，学生会产生自己独立的判断力，经由这种师生之间平等的对话和交流，得到辨明真理的目的。因为，"对话是探索真理与自我认识的途径"，"对话是真理的敞亮和思想本身的实现。对话以人及环境为内容，在对话中，可以发现所思之物的逻辑及存在的意义"（雅斯贝尔斯，1991）[11-12]。

从孔子和苏格拉底的对话式教学中我们可以看出，"对话式教学"对于开启学生思维能力的作用是显而易见的。它使用提问的策略打破学生原有思维的内部平衡，"通过提示同学生以往经验矛盾的事实、指出学生知识的漏洞、明确对立的看法等挑战性的问题，使学生的思维失去内部平衡。而在企图重新恢复这种平衡中，思维就展开了"
（高文，1998）[367]。

与对话式教学相比，教师"独白"式的教学似乎单位时间内传授
的知识量更多，教学信息量更大，教师更容易组织和控制教学进程。
而它的代价是剥夺了学生自己发表意见、发展思维的机会。对话式教
学的核心正在于改变传统的"教师独白"的传递模式。在对话式教学
中，教师根据具体的教学内容选择恰当的教学方法，创造良好的教学
氛围，引导学生积极思维，使学生在自己的思考中获取知识，并使思
维能力得到发展。

## 二、对话的艺术

对话式教学的真正落实，很大程度上取决于教师对这种新型的教
学观念的理解和把握以及教师自身的教学艺术水平。一些教师并未充
分认识对话式教学的实质，简单地理解为只要有教师提问、学生回答
就是对话式教学或启发式教学，而不考虑是否真正启动、激发了学生
的思维，是否体现了追问和启发的精神。有些教师只是为了营造一种
师生"互动"的课堂教学氛围，专门提一些事实性的、记忆性的，未
能根本调动学生思维的问题。整个课堂表面看上去热热闹闹，而事实
上只是为问而问，为活跃而活跃，学生的思维活动并没有真正展开。
有时教师并没有抓住教学的重点和难点，结果把时间花在了细枝末节
处，一步一步地远离了真正的教学目的。似乎师生互动就是简单的一
问一答，缺少进一步、高质量的反馈和交流。

一名语文教师在教《刘胡兰》一课时问学生："这个云周西村在
什么地方？"有学生说"在陕北"，有学生说"在延安"，教师最后
说"云周西村在革命根据地"。由于课文有"说出一个共产党员，给

你一百块钱"这句话，教师问"谁知道那时发什么钱？"，学生有的说"发银圆"，有的说"发铜板"，也有的说"那时候的钱中间是有窟窿的"，教师最后则说"反正那时候的钱比现在的钱值钱"。（王丽，1998）一节课就这样在无意义的一问一答中过去，教师还自以为在使用"启发式教学"，全不顾这样的教学既无"启"也无"发"。所谓启发式教学，在这里成为一种形式和借口。

对话式教学实际上向教师的素质提出了挑战。需要教师根据恰当的教学内容，在最恰当的时机，选择运用最为合适的教学方法，创设疑问，将学生思维的着眼点引至对与错、是与非的对立点上。应避免对启发式教学做简单化、片面化的理解，避免将启发式教学流于形式的做法。

在对话式教学中，一个最为重要的问题是教师在课堂教学中对课堂提问的有效利用。提问的重要作用，在于在教师的讲授和学生能动的思考行为之间建起了纽带。所以有人说，提问是"将教师要教授的学习内容转化为学生想学习的内容的契机。必须教的东西不能教，必须将其转化为学生想学的东西，这就是发问的本质"（高文，1998）[36]。在大部分教师看来，课堂中的提问最重要的功能在于把学生的注意力吸引到教师讲授的内容上来，不至于走神，其实提问还有一个更重要的功能，就是调动和拓展学生的思维。

思维始于问题。从某种意义上说，完整的思维过程就是提出问题并解决问题的过程。或者说，思维本身就是一个不断提问、不断解答、不断追问、不断明朗的过程。只不过，这个过程通常是在主体内部进行的，是内隐的，是自问自答的。而来自外部的提问——课堂上教师的提问，同样能够成为学生思维发生的起点，一种外部的、语言化的思维正是在提问中开始的。

在以教师讲解为主的教学中，教学的对象是整个班级，教师必须不断地致力于吸引和保持学生的注意力，同时力求使讲解照顾到大多数学生的水平，二者往往难以兼顾。所以，事实往往是多数学生并不能完全理解教师的讲解，而只能机械记忆学习的内容，还有少数学生则根本没有注意和接受教师所讲的信息。在这样的教学中，学生需要做的只是听教师讲解或者阅读教科书，使用的只是听觉和视觉，至于思维则几乎没有机会运用，被可惜地闲置着。

既然提问具有启动学生思维和引导思维发展方向的重要作用，教师提出什么样的问题意味着学生可以有选择地注意某一方面的信息。为了启动学生的思维，需要有效地运用提问。

《学记》要求教师善问和善待问，"善问者如攻坚木，先其易者，后其节目，及其久也，相说（脱）以解。不善问者反此。善待问者如撞钟，叩之以小者则小鸣，叩之以大者则大鸣，待其从容，然后尽其声。不善答问者反此"。意思是说：善于提问的教师，就像砍伐坚木先易后难一样，先提容易的问题，后提较难的问题，激发起学生对这些由易至难的问题主动进行思考的积极性，久之问题就会迎刃而解。善于对待学生发问的教师，就好像对待撞钟一样，如果学生问的是小问题就从小处回答，如果学生问的是大问题就从大处回答。让学生从容领会，透彻理解，才算结束。对教师而言，掌握提问的技巧，在教学中能够"善问"和"善待问"，对于培养学生的思维能力是很有好处的。

对话是一门艺术，教师在对话中需要巧妙地设置系列提问。提问本身并没有一套必须遵循的、严格的、固定的规则，但为了成为"善问"的教师，在提问时必须注意几个方面的问题。

第一，所提出的问题是否有适合的难度。"教学的艺术，一大部分在于使新问题的困难程度，大到足以激发思想，小到加上新奇因素自然地带来的疑难，足以使学生得到一些富于启发性的立足点，从此产生有助于解决问题的建议。"（杜威，1977）[184] 因此，教师应对学生的水平有清楚的了解和正确的估计，提出的问题应适合学生思维的发展水平，即提出的问题必须是介于"已知、已学"和"未知、未学"之间，并且能够使学生意识到"已知"和"未知"之间、"已学"和"未学"之间的连接，产生"已知"和"未知"、"已学"和"未学"之间的矛盾。也就是说，质量高的问题应该既使学生感到有困难的压力，又使学生感到有解决的信心。

问题的难易程度应正好介于学生的最近发展区，所谓使学生对问题解决的努力有"跳一跳，摘桃子"的效应。一般来说，教师在课堂上所提的问题可分为两大类：一类是事实的问题（factual questions），另一类是思考的问题（thought questions）。事实的问题强调的是对具体事实或信息的回忆，只需要用"是"或"否"来回答。思考的问题往往包括想象、判断、评价、推理等复杂的心理过程以及知识的重新组合等。

一项研究发现，教师在课堂上往往喜欢针对有关具体事实或知识细节的问题和仅仅只有一种答案的问题发问，关注的是让学生回忆在什么地方、在什么时候、是什么、是谁等书本上有明确答案的具体信息，而很少提出鼓励学生思考、推断的问题，很少提出书本上没有明确答案因而需要对许多相关的知识进行综合、联系、概括才能回答的问题。据研究统计，前一类问题一般占到三分之二。这一类问题不能够形成知识间的组织和知识的结构化，不利于学生发展独立思考能力和养成主动动脑的习惯。教师若经常提一些不需要深入思考、直接从书本上找答案的问题，容易使学生习惯于对细枝末节的东西感兴趣，而较少把注意的重点放到知识的概括和结构化上去，久而久之，养成一种不愿主动动脑、不爱深入思考、不会从整体的联系中考虑问题的不良思维习惯。这是教师在课堂提问中必须注意避免的行为和后果。另外，问题必须要有较强的针对性，直接指向预期想要达到的教育教学目的，不能随意提问。

第二，所提出的问题是否针对了具体的学生。每一个不同的问题，选择哪些学生进行回答，教师应事先有一个大概的意向。问题的难易程度和学生的发展水平之间存在一个适宜度的问题。选取思维发展水平高的学生回答太容易的问题与选取思维发展水平低的学生回答太难的问题一样，都不能达到提问的良好效果。另外，教师还需要考虑提问时问题的辐射面和提问对象的辐射面，不能总是提难度过高或过低的问题，也不能总是提问少数几个学生，对于那些胆小羞怯、反应不是很积极的学生，尤其需要注意。

第三，学生对问题应答之后教师是否给出必要的反馈。教师的态度直接影响整个课堂的气氛。在课堂提问中，学生在大庭广众之下接受教师的评价，大多心情比较紧张。教师应始终注意保护学生的自尊心和自信心，对勇于回答和回答正确的学生给予表扬，对回答错误的学生给予鼓励，一定要注意避免当众羞辱、嘲讽和挖苦学生。

第四，所提出的问题是否真实。真实的问题往往是能够引起争议的问题，凡不能引起争议的问题即为假问题。真实的问题应该达到这样的目的：提问使问题能够持续地发展下去，提问成为学生继续讨论和不断追问的原动力。在一个由提问创设的特定情境中，学生的思维要"能够充分地从一点到另一点做连续的活动"（杜威，1991）[222]，只有这样的提问才能带领学生进入真正的、深刻的、有效的思维活动中。否则，如果问题本身不具备连续性和一定的深度，就会打断学生思维的连续性，影响思维向深度发展，使思维一方面陷入紊乱无序的境地，另一方面又如浮光掠影，不能深入。

### 三、从"对话"到"发现"

与独白式教学相比，对话式教学确实为学生主动参与学习提供了机会，但真正改变传统的独白式教学还不能满足于教师与学生之间的对话。对话式教学与独白式教学相比，它虽然可能调动学生，使学生主动参与到学习情境中，但对话只能在教师与学生之间发生，而且学生很少有发问的权利和机会，只能围绕教师提出的问题进行思考和判断。

也就是说，对话式教学虽然使学生从独白式教学的被教师灌输中走出来，但被"解放"了的学生一旦进入对话式教学，很快又被教师设置的问题牢牢地套住，陷入"被教师追问"的被动状态。表面上看，学生在对话中是主动参与的，但实际上很容易在教师的追问中被问题锁定。例如，在苏格拉底与士兵之间展开的关于"什么是勇敢"的对话中，问题显然是苏格拉底提出的，士兵虽然参与对话，但他几乎是被动的被追问者；当士兵不知道答案时，答案还是苏格拉底给出的，即"我们也许可以尝试着说：勇敢是在艰难困苦的时候镇定、正确地判断"。这有些类似时下的课堂教学中，教师对问题的答案佯装不知却又尽量引导学生走进教师早已设定的标准答案的圈套。

可见，对话式教学只是为学生的主动学习打开了半扇窗户，并没有为学生真正打开主动学习的大门。若指望学生真正进入主动学习的情境，有用的教学策略可能是引导学生自己发现问题、发现答案。在由传统的独白式教学转换为对话式教学之后，进一步走向发现式教学。因为，在教育上，"思想、观念，不可能以观念的形式从一人传于别人。当一个人把观念告诉别人时，对听到的人来说，不再是观念，而是另一个已知的事实。这种思想的交流，也许能刺激别人，使他认清问题所在，想出一个类似的观念，也可能使听到的人窒息他理智的兴趣，压制他开始思维的努力。但是，他直接得到的，总不能是一个观念。只有亲身考虑问题的种种条件，寻求解决问题的方法，才算真正地思维"（杜威，1977）[187]。

所以，教会学生思维，教学必须有利于学生自己发现。学生在教学中所学到的不能只是教师告诉给他的东西，而必须是经由自己的思维所得到的、所发现的。发现教学也可以表述为发现式教学、课题式教学或研究式教学，相应的学习方式为发现学习（discovery learning）、课题型学习或研究型学习（project learning），我们在大致相同的意义上使用这些术语。

当然，对话式教学除了教师追问学生之外，学生也可以反诘教师，也可以对教师的观点表示"不同意见"。可惜，无论是孔子的启发式教学、苏格拉底的"产婆术"，还是今天的教师与学生之间的讨论教学，都很少发生学生反问教师的现象。学生的观点似乎总是不及教师的意见正确，不如教师的思维完善；从学生那里提出的问题似乎总是不及教师设计的问题有教育价值，不如教师提出的问题正当，因为学生提出的问题多半不在教学目标规定的范围之内。

正因为对话式教学或一般所谓的讨论式教学容易滋养教师"自以为是"而轻视学生意见的思维习惯，从而使学生再度陷入被动的困境，我们才提倡发现式教学和研究式教学。发现式教学并不否定对话式教学的价值，因为对话式教学毕竟把学生从"被灌输"的境遇中拯救出来而进入"被追问"的状态，但发现式教学并不满足于学生"被追问"的状况，它进一步解放学生，进一步释放学生的思维潜能，进一步保护学生的思维火花。

一方面发现式教学可以以教师与学生对话的方式进行，但另一方面它主张在对话的语境中教师与学生处于一个平台上，教师与学生的思维方式和思维成果平等地得到尊重和爱护。发现式教学除了师生之间的对话之外，更重要的方式是学生与学习材料的直接对话，以及学生与学生之间的讨论。它强调学生除了向教师学习，还可以直接向学习材料本身学习、向同学或同伴学习。

在论及发现式教学时，人们很容易想起杜威和布鲁纳的建议。确实，发现式教学或发现法虽不是杜威、布鲁纳首创，在他们之前的卢梭、斯宾塞等人都倡导过发现法，但只有到了杜威那里，发现法才得到系统的阐释；到了布鲁纳那里，发现法才被明确地作为课堂教学的一个基本策略和理念并赋予了相应的课程结构，又得到相关的心理学理论的支持。不过，这里所讲的发现并不局限于杜威和布鲁纳的解释。我们认为，对于发现，至少可以从两个意义上来理解和操作。

第一，发现即主动学习基础上的创造，它含自学的意义，但不仅仅是学生自学，更是自学基础上的创造。发现学习是学生与学习材料的直接对话，与教师讲授相对，也与学生被教师不断追问的对话相对。它的基本假设是，凡学生可以自学的知识，学生就可能更有效地领悟这些知识，教师不必独白式地讲授，也不必勉强学生限定在教师的提问范围内思考。

第二，发现即课题研究与问题解决，它与记忆型知识学习相对。它的基本假设是，知识具有不确定性，凡知识学习，都可以作为一个不确定性"问题"来处理。即使某些知识是确定的，它在学生没有理解之前仍然具有不确定性。因为学生既可以这样理解和使用它，也可能以另外的方式理解和使用它。对学生而言，知识的获得程序就是问题解决程序。问题解决的高级形式是一种创造性思维参与的课题式学习、研究式学习或研究型学习。

与上述两种意义相应，学生可以有两种不同的学习方式。

一是基于自学的创造性学习。学生在自学中改变自己的思维结构和知识结构，使自身的知识结构以及思维结构发生同化和顺应。

二是问题解决式学习或课题式学习，它关注的是学生在解决问题的历程中获得知识、发展思维。

### 1. 基于自学的创造性学习

学生自学是最宽泛意义上的发现学习。按照布鲁纳的说法，发现"包括用自己的头脑亲自获得知识的一切形式"。学生所获得的知识，尽管都是人类已经知晓的事物，但如果这些知识是依靠学生自己的力量引发出来的，那么对学生来说仍然是一种发现。"在教育上可以得出一个结论，就是一切能考虑到从前未曾领悟过的事物的思维，都是有创造性的。一个三岁的儿童，发现他能利用积木做什么事情，或者一个六岁的儿童，发现他能把五分钱和五分钱加起来成为什么结果，即使世界上人人知道这种事情，他也真是一个发明家。他的经验真正有了增长；不是机械地增加了一个项目，而是一种新的性质丰富了经验。"（杜威，1977）[187] 也就是说，学生的发现往往是一种再发现。"发现就是把事物整理就绪，使自己成为一个发现者。"一个学生自己学习某种知识，实际上也就是自己发现了某种知识的意义和使用范围。

基于自学的创造性学习使发现学习与一般所谓的自学辅导区分开来。发现学习在某种意义上一定是教师指导下的学生自学或"自学辅导教学"，但"自学辅导教学"却不一定构成发现学习。

在当前的教学改革实验中，比较典型的"自学辅导教学"有"初中数学自学辅导教学实验""异步教学实验"和"尝试教学法实验"。
这些实验虽然都提出了"发展学生思维（或智力）""培养学生创造
性思维"的目标，但从实际的操作过程来看，仍然只是在"培养学生
自学能力"上做了较有成效的探索，而离发展学生的创造性思维的目
标还有差距。"初中数学自学辅导教学实验"（卢仲衡，1987）在让
学生按照"启发、阅读课本、练习、当时知道结果、小结"的步骤进
行自学时，学生在指定的学习任务内只能学习固定的材料并获得固定
的答案，创造性思维的自由发展空间较小。"异步教学实验"与之相
似，它设计了六种课型（黎世法，1989），即自学课、启发课、复习
课、作业课、改错课、小结课。虽然它鼓励学生在作业课中要"举一
反三、触类旁通"，但所谓举一反三也仍然只局限于理解与课本例题
相近相关的试题，并无真实的发散思维训练。同样，"尝试教学法实
验"建议教师使用七步教学（邱学华，1982）：准备练习、出示尝试
题、学生自学课本、学生尝试练习、学生讨论、教师讲解、学生第二
次尝试练习。在七步教学中，大致保持了一种"先学后教、先练后
讲"的教学程序，更具有"自学"与"辅导"的性质，但它的基本精
神主要是让学生模仿课本的例题自学课本、自己做课后的练习题，并
没有鼓励学生在自学的过程中发展自己的批判性思维和创造性思维。

可见，一些有影响的自学辅导教学实验尽管提出了"发展学生
智力、培养学生自学能力"的双重目标，可实际上它们往往又只是在
"培养学生自学能力"上有所作为，而"发展学生思维或智力"的目
标却成为一张空头彩票。不过这并不能说这些实验没有兑现自己开出
的承诺，而只能表明自学虽然是发现的基础，是创造的前提，但在自
学的基础上进一步发展学生的创造性思维并非一件易事。其中的主要
困难，在于这些自学辅导教学实验都谨慎地保持了原有教材的结构，

而且为了自己的实验更具有推广的潜力，纷纷声称自己的实验"并不改变课本"。不改变教材的结果，虽减轻了改革的难度，却丢失了发现学习的机会。

真正的发现学习，总是伴随着对教学材料的重新组合，对教学材料的扩展或压缩，对教学材料的重新制作和修改。明显的事实是，原来的教学材料固定了学习的内容以及问题的答案，而且这些教学材料原本就按照教师"便于讲授"的方式编写，若指望这种教材能够发展学生的思维，指望用它来支持学生的研究或发现，几乎注定了将劳而无功。

所以，基于自学的创造性学习，首先意味着不但"自学课本"，还意味着教师和学生一道重新编制课本，使教材的内容和结构适合于学生创造性地思考问题、发现答案。其次，基于自学的创造性学习不但意味着理解文本（教材）的"本意"和"原汁原味"，还意味着教师引导学生创造性地参与文本的意义生成过程，使教材显露新的意义，使文本处于不断被创造性理解的流动之中。

这样，基于自学的创造性学习就成为学生与文本直接对话的境域，学生在对话中获得对文本的个性化的理解和结构，并会时常冒出属于自己的"不同意见"，这些"不同意见"是学生的个人见解，属学生的主观猜测与制作，但它实际上也是文本自己生长出来的新的意义。

这里已经涉及发现学习的一个基本的前提性假设：传统的教学观坚持文本、教材的确定性意义和标准答案，发现学习的教学观信仰的是文本的不确定性意义。在这里，文本、教材本身并无意义，所有的意义都是读者对它的一种解读，是读者赋予文本以意义。也就是说，学生怎样理解教材，教材也就有了怎样的意义。

既然如此，我们完全有理由让学生自由地发挥其创造性思维和创造冲动，让学生以自己的方式解读文本，参与文本的意义重建。尽管我们仍然相信数学或物理等自然科学有一些无法反驳的定律和事实，学生似乎只能接受，无法创造或发现，但这些定律和事实一旦与学生原有的经验联系起来，一旦进入学生的生活世界，所谓的定律和事实就不再是铁板一块，学生原有的经验将使定律的意义发生变化，同一个定律在不同的学生那里将获得不同的意义。在数学或物理教师看来只有一个答案、只有一个获得答案的解题方式，而在学生那里，由于他们与教师的经验不同，有自己的思维个性，他们的思路往往将他们从教师的标准答案引开。

一些习惯了标准答案和经典性解题方式的教师可能对学生的"越轨"思维视而不见，却忘记了所谓标准答案不过是多维视野中的一孔之见。所谓的经典性解题方式，很可能是一种懒汉的简单办法，这种懒汉的简单办法因迎合了人类好逸恶劳的惰性而使它成为经典。

需要承认的事实是，即使在数学、物理等自然科学中，也仍然留有大量的不确定性知识，在这里，学生仍有较大的创造空间。而对语文、音乐、美术等人文科学而言，文本的意义更无标准答案可言。教师需要做的是尽量少教（讲授），学生需要做的是尽量多学（发现）。教师的主要任务是关注学生在理解教材的过程中冒出的创造性思维火花，鼓励学生发出自己的声音，提出自己的看法。

这样，教师的主要任务就不再是没完没了地讲授标准知识部件，而是将大量的精力和时间用来保护学生的思维，使学生的思维火花进一步燃烧、扩展，使学生的不同意见成为进一步学习和讨论的材料。

### 2."研究型学习"或"课题式学习"

问题解决式学习或课题式学习可能有多种解释，也有人认为将中小学生的学习做成"课题式学习"有些夸大其词，课题式学习可能更适合大学生或研究生学习，而中小学生只能采用接受学习。确实，我们承认课题式学习在现实的教育实践中往往是研究生的学习方式，但事实在不断地提醒我们，一个没有课题意识的人，即使进入了大学，成为大学生或研究生，也很可能仍然适应不了课题式学习的方法。而对于一个有课题研究意愿的学生，即使只是一个小学生或中学生，也同样可以做一个出色的、像模像样的"课题研究人员"。

过去人们只是想当然地坚持中小学生只能由教师言传身教，根本不可能从事研究，不可能进入发现学习或课题式学习的状态。近些年来，人们对课题式学习的看法有所松动，"研究型学习"（张肇丰，2000）或"研究型课程"（安桂清，2000）观念开始引起人们的关注并渐有相关的实践研究。

1997年，《南方周末》讲述了一个中国小孩在美国接受小学教育的故事，之后，"中国小学生在美国做研究"的教学方式令众多读者感动并在中国教育界内外广泛流传。据说，作者最初将孩子送到美国小学时一直为那里的教学过于自由而忧心忡忡。一年之后，他发现孩子放学后并不直接回家，而是常去图书馆，不时背一大包书回来。为了完成老师布置的作业，孩子打算做一篇题为《中国的昨天和今天》的文章，以应答老师的"每一个同学写一篇介绍自己祖先生活的国度"的要求。这令作者惊异且哭笑不得。几天后，孩子竟然完成了作业，打印出一本20多页的小册子。从九曲黄河到象形文字，从丝绸之路到五星红旗，……热热闹闹地介绍了中国的历史、地理、文化并分析它与美国的不同。最令作者惊讶的是，孩子把文章分了章节，在文章的后面列出了参考书目，全然是作者读研究生之后才开始运用的写作方式。后来，孩子又开始做《我怎么看人类文化》《关于第二次世界大战》等作业，看到孩子兴致勃勃地看书查资料、坐在计算机前煞有介事的样子，作者为孩子感动。等到孩子小学毕业的时候，他已经能够熟练地在图书馆利用计算机和缩微胶片系统地查找所需要的各种文字和图像资料了。孩子面对他不懂的东西，已经知道到哪里去寻找答案。孩子的变化促使作者重新看待美国的小学教育。

他发现，"美国的小学虽然没有在课堂上对孩子们进行大量的知识灌输，但是，他们想方设法把孩子的眼光引向校园外那个无边无际的知识的海洋，他们要让孩子知道，生活的一切时间和空间都是他们学习的课堂；他们没有让孩子们去死记硬背大量的公式和定理，但是，他们煞费苦心地告诉孩子怎样去思考问题，教给孩子们面对陌生领域寻找答案的方法；他们从不用考试把学生分成三六九等，而是竭尽全力去肯定孩子们的一切努力，去赞扬孩子们自己思考的一切结论，去保证和激励孩子们所有的创造欲望和尝试"（高钢，1997）。

按照作者的理解，美国小学的教师虽然没有大量的讲授，但他们引导学生进入一种问题解决、课题研究的情境，让学生在问题解决和课题研究中获得必要的知识并发展思维。

那么，"研究型学习"或"课题式学习"究竟意味着什么？

人们可以将它解释为杜威的五步教学。杜威认为，思维起始于直接经验到的疑难和问题。而思维的功能在于将经验到的模糊、疑难、矛盾和某种纷乱的情境转化为清晰、连贯、确定与和谐的情境，思维就在这两端之间进行。这两端之间包括五个步骤：（1）经历疑难的情境。思维本身就是"探究、调查、熟思、探索和钻研，以求发现新事物或对已知事物有新的理解。总之，思维就是疑问"（杜威，1991）[221]。任何一种形式的思维，都是对新事物的发现和探索，都是疑问并求解的过程，学生的学习也是在思维过程中发现、探索的一种活动，是不断地遇到疑难又不断寻求解答的过程。（2）在这个情境内产生一个真实的问题，作为思维的刺激物，使学生确定疑难究竟在什么地方。（3）提出问题的种种假设。让学生占有资料，从事必要的观察。（4）推断每个阶段可能的结果，看哪个阶段能够解决这个困难。（5）进行试验，证实、驳斥或改正这个假设。

人们也可以将它解释为布鲁纳的"发现学习"（discovery learning）。按布鲁纳的主张，"在提出一个学科的基本结构时，可以保留一些令人兴奋的部分，引导学生自己去发现它"。教学不应该使学生处于被动接受知识的状态，而应当让"学生自己把事物整理就绪，使自己成为发现者"。

人们还可以将它理解为克伯屈的七步教学。在克伯屈看来，一个完整的思维活动可以分为七个步骤：第一，一种情境激发起进行某种行动的冲动或倾向；第二，出现困难，不知如何继续这一行动，没有已知的或现成的适当反应方式；第三，对环境进行考察，以便更准确地找出和确定困难；第四，提出解决办法，形成假说，提出行为模式；第五，从提出的每种解决办法和假说中，得出（一种或几种）内在含义；第六，进行实际试验，看推论是否成立；第七，依据所进行的检验，接受某一种解决办法。那么，问题是如何引导思维过程的呢？克伯屈认为是问题所引起的困难感（问题出在哪里的困难和该怎么办的困难），这种内心的困难使得主体试图通过对无关事实的摒弃和相关事实之间联系的确立与组织找到解决问题的办法，最终完成整个思维的过程（克伯屈，1991）[210-211]。

其实，对"研究型学习"和"课题式学习"的解释可以很简单，它不过就是教师引导学生围绕一个课题自己去寻找资料，并懂得怎样获取资料和处理资料，"去面对陌生领域寻找答案"。

这种"研究型学习"和"课题式学习"显然已经不同于"基于自学的创造性学习"。从发现和创造的程度上看，"研究型学习"高于"基于自学的创造性学习"，因为前者使学生进入类似研究生教育的课题研究，更接近发现的本意；但从现实性来看，"研究型学习"低于"基于自学的创造性学习"，因为后者并不强求改变教材，它只建议为学生松绑，解放学生的头脑，让学生在接受教材的参考答案的同时，提出自己的不同意见，使学生勇于做文本的"持不同意见者"。

因此，相较而言，"研究型学习"可以视为一种对必修课程的拓展和补充，它要求学校课程做相应的调整；"基于自学的创造性学习"可以视为对必修课程的加强，它要求发挥必修课程在训练学生创造性思维能力上的真正价值。我们不是说"研究型学习"需要调整教材的结构，而"基于自学的创造性学习"无须改变教材。实际的情形是，"研究型学习"虽可以抛开课本单独开设，但仍然可以利用国家或地方指定的教材，使之在结构上调整之后以问题解决的方式呈现给学生。而"基于自学的创造性学习"虽然大量地表现为"不改变课本"，但真实的"基于自学的创造性学习"总力图超越课本的限制，至少是超越课本所暗示的标准答案和经典性解题方式。

## 四、"发现"还是"接受"

在教育领域，总有人根据奥苏伯尔的有意义接受学习理论来反对"为思维而教"的教学观念。确实，教学、教育的目的究竟旨在培养人的思维能力还是给学生传递知识，合理的教学方式是接受式教学还是发现式教学，历来都是有争议的问题。奥苏伯尔等人坚持，"就个人的正式教育来说，教育机构主要是传授现成的概念、分类和命题"，而发现教学法"几乎不能成为一种高效的传授学科内容的基本方法"。"任何人都可以有理由地断言，虽然学校也要发展学生在各种领域内应用所获得的知识去系统地、独立地和批判地解决特殊问题的能力，学校的这种功能尽管可以构成教育的合法目标，但同它传授知识的功能相比，远不能处于中心地位。无论从合理地分配给这种功能的时间总数来看，从民主社会的教育目标来看，还是从对大多数学生的合理期望来看，都是如此。"（奥苏伯尔 等，1994）[28] 不过，在奥苏伯尔那里，虽然他明确提出"发现教学法几乎不能成为一种高效的传授学科内容的基本方法"，但他对发现法的理解与一般人所理解的发现法略有不同，而且与布鲁纳本人所倡导的发现法也有出入。

第一，按照奥苏伯尔的理解，"发现学习的基本特点，就是要学的主要内容不是授予的，而是在从意义上被纳入学生的认知结构以前，必须由学习者发现出来"。就命题学习而言，"接受学习和发现学习之间的主要差别在于所要学习的材料的主要内容是由学习者自己发现的还是提供给他的"。"在接受学习中，这种内容是以实质性的命题或非问题情境的命题的形式提供的，而学习者只是需要理解和记忆这种命题就够了。在发现学习中，学习者必须通过设想出一些表征问题答案或表征一系列解题步骤的命题来先行发现这种学习内容。"（奥苏伯尔 等，1994）[69] 而在我们看来，发现学习与接受学习的根本区别并不在于"所要学习的材料是由学习者自己发现的还是提供给他的"，因为在发现学习中，所要学习的材料仍然可以是由教师提供的，由教师设置问题情境。发现学习的基本精神在于学生主动地在问题解决的进程中获得知识、参与知识的构建。由于知识并非总是确定性知识，问题解决的方案也并非总有某种标准答案,学生在问题解决的过程中就可能提出大量的"不同意见",而这些"不同意见"也就是学生创造性思维的显露。

第二,奥苏伯尔几乎将"发现学习"与接受知识的"接受学习"对立起来。他认为"接受学习和发现学习各自在智力发展与功能上所起的主要作用也是有差别的,大量的教材知识多半是通过接受学习而获得的,反之,日常的生活问题则是通过发现学习来解决的"。也就是说,在概念、分类和命题学习中,奥苏伯尔认为只能以接受学习的方式进行,而发现教学法几乎不能成为一个高效率的传授学科知识的基本方法。他甚至坚持"大多数课堂教学都是按照接受学习的路线组织起来的",而且在发展的任何阶段,"学习者要理解和有意义地应用某些原理,完全不必独立地发现这些原理"(奥苏伯尔 等,1994)[27]。其实,奥苏伯尔完全没有必要将"发现学习"与"接受知识"对立起来,因为接受知识也可以通过发现的方法来获得。当某种知识完全由教师口授时,它是接受教学;当某种知识由学生自己思考、由学生在解决问题的历程中得来时,它虽然也是接受知识,但已经成为一种不同于接受学习的发现学习。布鲁纳也强调,"发现并不限于那种寻求人类尚未知晓之事物的行为,准确地说,发现包括用自己的头脑亲自获得知识的一切形式"(Bruner,1961)。而且这种经过发现学习而获得的知识较之由教师直接传递的接受学习所获得的知识更为深刻。因为在布鲁纳看来,发现学习有一种"自我奖赏"的功能,它容易引起学生"发现的兴奋感",学生可以"将发现作为奖赏而自行学习"。也就是说,同样是接受知识,但发现学习较之接受学习可能更透彻、更完整,而且发现学习在保证学生获得知识的同时,将有效地发展学生解决问题的思维能力。所以,奥苏伯尔将接受知识等同于接受学习，然后又以此作为倡导接受学习、轻视发现学习的理由是不合理的。我们并不反对接受知识，我们只是建议教师让学生以发现的、问题解决的方式去接受知识，也只有这样的接受知识才能发展学生的思维。

第三，奥苏伯尔因重视"接受学习"而轻视"发现学习"和"为创造性而教"是缺乏依据的。奥苏伯尔之所以对"为创造性而教"持嘲弄的态度，是因为他认为"这个目标是以四种不太现实的看法中的一条或几条为根据的"。第一种看法认为，如果儿童不受教育制度的压抑，那么，他们一定都会具有独特的创造潜力。可是事实上这种潜力是罕见的。第二种看法所反映的是一种对人的本质的观点，即认为即使一个儿童没有创造潜力，有激励作用的和机敏的教学也能弥补这种遗传上的缺陷。第三种看法不顾创造性和有创造性的人这二者之间的区别，对创造性提出一种非常宽泛的定义，这种定义用的是一个人内部的独创性的标准，认为所有的创造活动并没有质的差异。然而，如果使用了这种标准，那么把每个儿童都造就成为有独创性的这一教育目标本身就被冲淡而没有什么意义了。最后一种看法只不过是根据上文已谈到的那种意见，即认为起辅助作用的创造能力和真正的创造性完全是同一种东西。（奥苏伯尔 等，1994）[720] 显然，在奥苏伯尔所攻击的四条依据中，至少有几条是现实的而并非"不太现实"。比如，人们有理由相信，如果学生得到教师的鼓励和引导而不受压抑，他们会有创造潜力。

布鲁纳说："无论哪里，在知识的尖端也好，在三年级的教室里也好，智力的活动全都一样。因为科学家在他的书桌上或实验室里所做的，一位文学评论家在读一首诗说所做的，正像从事类似活动而想要获得理解的任何其他人所做的一样，都是属于同一类的活动。其间的差别，仅在程度而不在性质。学习物理学的小学生就是个物理学家嘛，而且对他来说，像物理学家那样来学习物理学，比起做别的什么来，较为容易。"（布鲁纳，1989）[29]

总之，发现学习与接受学习并不矛盾，发现是为了更好地接受。

"为思维而教"虽与"为知识而教"是不同的教学观念，但"为思维而教"与"知识学习"却可以并肩同行，因为"为思维而教"总得经过"知识学习"。只不过"为思维而教"的知识学习是一种对知识的批判性考察，是在问题解决的过程中获得对知识的理解。

虽然获得知识也是教学的目标之一，但教学的最终目的是"为思维而教"，获得知识是为了更好地发展学生的思维。对我国中小学的教学而言，关注发现学习不但适合教学的根本目的，而且具有现实的合理性和正义性。

强调发现学习并非完全丢弃讲授式教学，如果教师的讲授是"有意义的"，如果教师的讲授可以激发学生的智慧，激起学生的创造冲动，那么，讲授仍然是一种合理的教学方式。所以，某一位教师在某一天的课堂教学上"一讲到底"并不一定就是"满堂灌"，而只能说，如果这位教师长期地"一讲到底"，就很可能限制了学生创造性思维的生长，因为这样的教学剥夺了学生自己探究、发现并提出不同意见的机会。

# 第二节　思维课堂的文化审视

课堂教学要真正实现从独白向对话转换，并通过对话进行发现和探究，除了课堂上的教学行为发生真实改变之外，还需要深层的课堂观念和理念的支持，尤其是相应的课堂文化的生成。

## 一、课堂教学中被消解的教师和学生

课堂中的人，也就是教师和学生，在课堂教学的所有要素中是第一位的。然而，观察我们的课堂却发现，作为主体的人，时常让位给客体的、没有生命的课堂规则、教学内容等，任由没有生命的课堂要素将活生生的人遮蔽甚至消解。

在与教师的交往中发现，许多教师对教育改革和课程理念有自己的见解，对社会热点问题也有独到的认识，幽默、风趣、个性、可爱等性格特征体现在不少教师的生活交往中。但遗憾的是，与生活中的形象不同，很多教师一旦站上讲台，便自觉或不自觉地掩藏起丰富的想法，收敛起独特的个性，表现出来的是课堂设计思路大同小异，课堂教学语言人云亦云，课堂形象千人一面。每当坐在课堂听课，我常常情不自禁感叹，若要研究教师的教学风格，仅仅通过课堂上听课观课是远远不够的。因为教师在课堂上表现出来的往往只是单面的人，是理性而严肃的人，他（她）的身心远没有达到自由放松的境界，给人的感觉是按部就班、有条不紊、正儿八经、专心致志。这样的教师在课堂上营造出来的场景和氛围往往是拘谨的、收敛的、理智的、安静的。即使偶尔有个别富有个性的教师和独特的课堂出现，也总给人不太真实和自然的感觉。这种总体上单调枯燥的课堂状态与教师个性和人性的丰富是极不相称的。总之，教师在课堂上表现出来的人性是不真实、不完整的。

究竟什么样的限制使得教师在课堂上不能放开展示自我？这个问题很值得探讨。因为它涉及长期以来传统的课堂规范意识、行政管理要求、教师职业文化等对教师所造成的影响，有些方面的影响早已渗透在教师的意识中，根深蒂固、坚不可摧。笔者曾在江苏某地听过一位年轻女教师的课。作为一位刚刚走上工作岗位还没有完全被同化的新教师，她的课上多了一些师生之间真实、自然的情感表达，多了一些朴实、真诚的对话与交往。正当听课者还沉浸于课堂上难得看到的原生态的师生交流氛围时，校长却在课后痛心疾首地规劝任课教师，"你的教态实在不雅！记住，你是一位女教师，女教师在课堂上应该端庄、稳重，而不是像你那样哈哈大笑前仰后合"。女教师记住了校长的话，于是，课堂上多了一位端庄稳重的女教师，个性、真实与自然却被掩藏。这只是教师外显形象的一个侧面而已，多数原本个性丰富的教师恐怕正是迫于由来已久的诸如此类影响，不得不刻意追求课堂上一个师者应有的形象，努力塑造教师的角色认同，课堂却由此越来越模式化和雷同化，越来越缺少惊喜与生动，因为人最生动、丰富的一面被小心翼翼、悄无声息地遮藏起来。

我们常常说教育要培养学生的创新精神，但创新精神绝不仅仅是一种智力的特征。知识掌握了，智力发展了，并不意味着就一定能够创新。创新更重要的是一种人格的、精神的特征。而人格和精神，只有通过人格的感染、精神的熏养得以形成。从这个意义上说，千篇一律的课堂整体形态对我们的教师是何其不公平，教师的课堂性格被抹杀，个性特长得不到展现；这样的课堂整体形态对我们的学生何其不公平，学生在课堂上接触不到教师的人格魅力，也无法与教师进行精神的交流。当人的个性、人格、精神被遮蔽和消解，人的智慧和创新又从何谈起？

## 二、被泛化的文以载道

课堂教学不但要传授知识，同时还要承担起文以载道的使命。课程标准提出的课程目标成为教师在每一堂课的现实追求。这本无可厚非，教学本身就具有丰富的教育性价值和使命。课堂教学在知识传授、技能培养的过程中进行道德方面的影响和教育，素来是我国教育的优良传统。问题是，当课堂教学中的特定教育目标被不恰当地泛化和固化之后，所带来的是对思维的另一种影响和束缚。

一位教师教授寓言故事《愚公移山》，要求学生在把握愚公的人物形象、理解课文的深刻寓意基础上，"领会愚公的精神，正视成长道路上的艰难险阻，勇往直前"。这既是教学在情感态度与价值观方面要达到的目标，同时也是课堂教学的重点。课堂是按照惯常的思路铺陈展开的。先是整体感知课文内容，接着是思读课文、理解寓意，之后再研读课文、总结升华。教师首先通过播放愚公移山的动漫视频导入，引发了学生的兴趣；再运用播放朗读录音、要求学生跟读、思考有关课文基本内容的问题等方式引导学生熟悉课文内容。主体的课堂环节是"理解寓意"，教师通过丝丝入扣、层层推进的问题促进学生的理解。几个问题是这样设计的："移山这件事情很难吗？从课文中找出句子说明。""移山这么艰难的事情愚公竟然还要坚持去做，他是不是很愚蠢呢？说出理由。""叫愚公的做事并不愚蠢，叫智叟的做事并不聪明，课文通过愚公成功移山的故事告诉人们什么道理呢？"通过这样的三个问题，意欲引导学生将课文寓意总结出来。在课堂上教师将其表述为两句话，"没有比脚更长的路，没有比人更高的山；有志者事竟成"。理解文章寓意之后的课堂活动是让学生讨论成长历程中遇到过哪些挫折，总结学了这篇课文有什么启示。教师的目的是让学生联系自己的生活经验谈感受，落实德育的教学目标，从而进一步感受愚公的伟大形象。

在课后研讨中，这堂课被公认为一堂较完整、成功的语文课，也是经典的语文课堂设计。从课文到生活，有知识有升华，学生既学了语文知识又受到了思想品德的教育，教学设计思路堪称完美。然而，就是这样一堂被公认为经典的语文课，任课教师在赴香港进行"课堂文化比较研究"交流时，面对香港的学生却遇到了无比的尴尬。在思读课文、理解寓意环节，在愚公究竟是否愚蠢这一问题上就卡了壳，全班的学生都认为愚公的做法实在太愚蠢了。任凭教师如何渲染移山之难，说明移山的重大价值和意义，却怎么也无法改变学生做出"愚公移山之举太愚蠢"的判断。有一个学生提出，就算当时科技不发达，就算为了改善交通和信息交流的确有必要移山，可还是有更加简便易行的解决问题的做法啊，"比如在山里凿一个隧道，就比移山要容易得多，可见移山确实不是什么聪明之举"。教师的良苦用心不难理解，学生的认识也不无道理，可是课堂教学的目标遭遇了现实的障碍，因为愚公的伟大精神被建立在"愚公不愚蠢"的认识之上。所谓的价值观教育无法得到学生的认同，也就更谈不上落实。

为什么在我们的课堂语境中堪称完美的教学设计到了另一个环境会出现完全不同的结果？为什么我们习以为常的文以载道会遭遇尴

尬？这里面的原因值得深思。两地课堂鲜明对比之下所带来的观念冲击是猛烈而发人深省的。很多时候，文以载道一旦失去了学生的配合与支持，所谓的"道"不过是教师的自以为是和一厢情愿。牵强附会、生拉硬拽的文以载道，人为地赋予教学内容以华丽的外衣，而原来我们眼中华丽无比的外衣不过是自欺欺人的"皇帝的新衣"。用教师的自以为是和一厢情愿，用人为的牵强附会和虚伪的自欺欺人，去进行课堂里的文以载道和道德说教，其结果可能不是学生道德的发展，反而恰恰是道德的泛化与虚化，更深层的问题是思维的固化和僵化。特别是如果课堂中的道、教学内容中的道、教师的道与学生所能理解认同的道不相一致，学生往往不得不表面上委曲求全，无奈地顺从教师的设定与教学的安排。由此，被动应付、弄虚作假、阳奉阴违的做法得以鼓励与提倡，不假思索、遵循套路的思维方式成为惯常。

还有另一则所谓的经典课例（沈火种，2007），从中也可看出泛化的文以载道对学生思维的控制与约束。

教授《登山》一文时，教师让学生反复朗读重点段落："我之所以要走这条令人望而生畏的小路，就是因为我害怕它。一个革命者不应该让害怕征服自己。同志，我们应该每天、每时、每刻、处处锻炼自己的意志。"之后，教师开始激情引导。

师：当我们在学习上遇到困难时——

生：要不怕困难，应该每天、每时、每刻、处处锻炼自己的意志！

师：当我们在生活中碰到可怕的事情时——

生：要不怕困难，应该每天、每时、每刻、处处锻炼自己的意志！

师：当我们遇到坏人坏事时——

生：要不怕困难，应该每天、每时、每刻、处处锻炼自己的意志！

学生大多从众地跟着大声呼喊。少许内向腼腆的学生，听着大家的慷慨陈词，不好意思地低下了头。

这种喊口号式的课堂德育并非偶然现象。它用"文字游戏"与"口号呼喊"取代了德育主体内心的体验和情感的认同，甚至忘却了行动诉求，而将思想认识的提高和道德的完善简化为知识的灌输与记忆，异化为文字的背诵与口头的承诺。没有学生头脑的思考和内心的接纳，事实上也就无法达到思想的触动与熏陶，最终的结果只是学生的麻木、反感甚至抵触和排斥。而在许许多多大同小异、程度不同的"口号德育"的教学过程中，"教师用自己的认识、思想和意愿来代替学生的想法、意志，一厢情愿地扮演着传道士的角色，把自己的观点作为标准答案强加给学生。教师主体替代了学生主体，教师语言覆盖了学生思维，教师标准否定了学生差异，致使鲜活、生动的德育渗透成为生硬、乏味的说教与灌输，美妙的精神享受成为痛苦的精神折磨"（沈火种，2007），最终便是学生越来越不会思维。

## 三、被异化的课堂话语体系

纯粹理性的知识交流和师生人际交往，再加上被泛化和虚化的文以载道，长期浸染在这样的课堂氛围之中，学生们渐渐明白了课堂是一个"特别"的地方。"特别"之处在于课堂内外是有严格界限的，课堂内有许多和生活的不同之处。甚至连说什么样的话，课堂内外也截然不同。

　　有一位教师在课堂上安排了一个情境造句的环节，"当发现自己的考试成绩不理想时，用成语造一个句子"。第一位学生说："如果期中考试成绩不理想，我一定要发扬凿壁偷光的精神刻苦学习，让同学和老师对我刮目相看。"第二位学生说："如果考试成绩不理想，我要程门立雪，让差的分数烟消云散。"第三位学生说："如果成绩不理想，我要头悬梁锥刺股地发奋刻苦。"学生造的句子令人听了之后肃然起敬，但这究竟是他们内心真正想说的话，还是他们认为在课堂上应该说的话呢？一位教师讲徐志摩的《再别康桥》，为了让学生体会作者写作这首诗时的环境与心情，教师问："谁知道康桥在哪里？想象一下康桥是一个什么样的地方。"一位学生悄悄地说："是男女同学谈恋爱的地方。"这个回答本没有什么对错，对于理解诗意似乎也有帮助。可是当教师点名这位学生来回答问题时，学生却立刻换作严肃的表情和口吻，回答"英国的剑桥大学"。

　　学生每天在课堂里说着与生活中不一样的话语，说着并非内心真实想法的话，自觉、自动地在课堂与生活之间切换，调整自己的角色定位与话语体系。于是，课堂与生活被分割为两个世界，课堂的世界越来越成为独立于生活世界之外的一个独特的系统，两者之间泾渭分明。想想看，如果课堂教学没有让学生抒真情、说真话、说自己的话，而只学会了说空话、说大话、说别人的话、说不着边际的话甚至是说假话，这样的课堂教学，如何能够培养和发展学生的思维能力呢？

# 第三节　如何构建思维课堂

在课堂这样一个场所和空间中，课程标准、教材、教学内容、课堂规范等都是保证课堂教学有效进行的重要因素。相形之下，只有教师和学生才是有生命力的、主体的因素。课堂目标、教学内容、教学方法、课堂规范，都应该始终围绕着人这个第一位的要素。而且，人的发展是最终目的，课堂的最终目标是促进学生的发展。这是课堂最为重要的价值，也是课堂的根本意义之所在。

让学生掌握一项知识、明白一个道理、学会一种方法，这些都只是课堂目标的一部分，而不是全部。只有学生在知识、道理和方法的基础上都获得了发展，才是课堂的真正成效。更进一步说，和谐、幸福的发展才有意义。人的发展体现为不同的方面，知识增加是发展，思维生长是发展，精神丰富也是发展。但只有知识、能力和精神各个方面协调一致的发展才是有意义的，才是能够给人带来幸福体验的。任何一个方面的片面发展、局部发展都是不完整的。

## 一、确立思维课堂的文化理念与价值内涵

思维课堂首先要求教师在课堂上是一个鲜活的生命，是一个有着不同欲求与个性的人，其次才是一位教师。让教师首先焕发成为一个真实、自然、自我的人，让每一位教师以人的姿态而不仅仅是教师的

姿态出现在课堂上，这无论对教师本人还是对学生，都是一种更为人性、公平、合理的角色设定。

思维课堂还要求师生在尊重、平等、对等的基础上进行课堂交往。课堂不仅是教学，更是一种交往。作为人与人之间交往的一种特殊形式，师生之间在课堂上的交往无疑具有特殊的活动规则，但作为交往的课堂教学更要首先遵循交往的一般法则，比如，那些"放之四海而皆准"的交往黄金法则，包括孔子所说的"己所不欲，勿施于人"，以及西文谚语"用自己想要的方式对待别人"（treat others like you want to be treated），等等。只有在遵循尊重、平等、对等这些普遍交往法则的基础上，进一步强调课堂交往的特殊性，才能够凸显课堂教学交往的本质属性。

思维课堂上的语言表达需要真实、自然。语言是课堂交往与交流必不可少的重要手段。学生在课堂上的语言表达不仅是思维的锻炼，更是情感的流露，思想的展现。说出来的话实际上能够反映一个人的内心。因此，要求学生在课堂上运用什么样的语言，说什么样的话，并不仅仅是语言表达的问题，它对学生的人生发展和个性成长的意义不可小视。让学生从小在课堂上养成说真话、说自己的话、说想说的话的习惯，是培养学生道德人格的一个重要方面，也是构建思维课堂、培养学生思维能力不可缺少的一个环节。

即使在课程教学改革异常活跃的今天，在"自主、探究、合作"已成为一线教师耳熟能详的口头话语之时，学习的自主和自由等仍然是一个停留在表面而无法真正进入行动、深入内心的话题。曾经有一段时间，某位特级教师在课堂教学中的一个做法广为流行，不少教师在自己的课堂上进行模仿，即在一篇课文的教学即将结束的时候，让学生说出自己最喜欢的课文的段落，并讲出理由。某知名专家点评特级教师这样的做法，认为它体现了教师给学生提供自主思维、自由想象的空间和机会。专家的肯定成为众人模仿的动力。一般情况下，学生在课堂上都会很乖巧地说出自己喜欢课文的某一段，因为它"很生动""很感人""很优美"，诸如此类的理由。可是当有一次一个被指名发言的学生说出"这篇课文我都不喜欢"时，教师却不再让学生陈述理由，而是痛心地当众对这名学生进行一番批评教育，"这么好的课文，你都不喜欢，那你喜欢什么？同学们，大家一定要谦虚啊！"此时，所谓的自主思维、自由想象的空间和机会，不过是教师用以模仿与作秀的表演方式。他们看到的只是外在的表象，深层的理念与价值根本没有进入教师的内心。

## 二、反思并锤炼教师的课堂行为

要把解读文本的自主和自由真正交还给学生，使学生在意义建构和生成的过程中体验探究的乐趣和自我的成就与尊严。置身于课堂的教师，某种程度上如同舞台中央的演员一样，一个动作、一句表达，甚至一个眼神，都有可能被赋予意义，都有可能对学生产生意想不到的影响。因此，作为教师，需要不断雕琢和反复锤炼自己的课堂行为。概括说来，以下两个方面的课堂行为是教师尤其需要注意的。

第一，由衷地尊重并善待学生。教师应如何尊重学生、善待学生的问题，是教育领域从古至今都被提及却又始终没有统一答案的问题。对于教师应当尊重和善待学生的道理，大概没有人会质疑，难的是究竟如何做才能真正体现出教师内心深处将学生作为平等的个体给予尊重和善待。

在课堂上，教师究竟是把学生看作与自己平等的主体，还是以高高在上的知识权威者自居，教师究竟是以学生的思维、现场的体验和真实的感受为中心展开课堂，还是遵循课前的预设、固定的程序、自我的理解开展教学，背后折射出来的正是教师在内心深处究竟将学生置于怎样的地位的问题。

教师尊重学生、善待学生的方式可多种多样，无论是严格要求还是宽厚亲和，优秀的教师总是各有各的成功与精彩。不过，无论是哪种尊重学生、善待学生的方式，不能缺少的一个根本在于，教师内心深处对学生的善意与爱护。倘若出于善意，哪怕是严厉的责骂也是对学生的一种尊重和爱护。而如果本意不善，即使一个轻视的眼神也足以伤害到孩子令其终生难忘。

尽管尊重学生、善待学生并没有固定的模式，但课堂上一些司空见惯的行为却值得教师反思并努力避免。在我们看来，一个经常随意打断学生发言的教师，一个总是设置圈套将学生的思维引入预定轨道的教师，一个吝啬赞美经常对学生冷嘲热讽的教师，一个眼睛里只有成绩好的学生、听话的学生而对"问题学生"不闻不问的教师，一个不愿精心设计有个性的课堂却热衷于习题战术的教师，一个不关心学生的精神世界只知道考试排名的教师，由于不经意地将自己内心的善意与爱冷落一旁，也就忽略了应该如何表达对学生（包括他人）的尊重与善待。作为一名教师，"应当尊重、不侵犯学生的人身权利与人格尊严，保障学生人身安全，尊重学生在他们自己的组织中独立行使他们的权利，履行他们的义务，平等地对待每一个学生。违背这些起码要求的教师，即使课上得再好，也算不得合格的教师"（陈桂生，2004）[78]。

第二，给学生自由思考的机会。尽管"让学生自由思考"早已经是教育改革中一个老生常谈的话题，可真正能够在实践中对此进行创造性的探索和有效实施的却仍然难能可贵。有这样一个案例：

　　湖南省株洲市的一位小学教师曾经在教学中倡导"三胡策略",一度在教育界引起较大的关注与争议(唐湘岳 等,2003)。所谓"三胡策略",即解放学生的脑,允许学生"胡思乱想";解放学生的嘴,允许学生"胡说八道";解放学生的手,允许学生"胡作非为"。"三胡策略"的首倡者黄先俊老师这样对自己的学生说:"从今天起,你们想怎么坐就怎么坐,只要自己觉得舒服;做实验想怎么做就怎么做,我甚至不反对你们上课插嘴……"黄老师提出这一策略的深层目的是培养学生的思维能力和创新精神。具体到课堂教学策略上,黄老师会向学生提出这样的问题:"猫和电冰箱有什么联系?"同学们积极主动地"胡思乱想"之后,开始七嘴八舌地"胡说八道",有的同学说猫吃鱼,而鱼有可能躲在冰箱内;有的说猫是恒温动物,冰箱也一般保持恒温;有的说猫生长需要能量,冰箱也要有电能才能转动;有的说猫有尾巴,冰箱的插头线也像一条尾巴;有的说猫睡觉时打呼噜,冰箱启动时也有声响。千奇百怪的答案背后,反映出来的是学生大胆的想象和丰富活跃的思维。据称,"三胡策略"实施之后学生的发展取得了显著的成效。但这一策略还是受到了不少批评和质疑。

　　本书无意加入到支持或反对"三胡策略"的正反辩论之中,但认为这一策略的最大亮点在于教师观念的彻底解放,在于切实地将课堂思考的空间和机会呈现在学生面前。我们认为,诸如"三胡策略"之类的大胆尝试,可贵的不仅在于其行为的转变,更在于其背后价值理念的更新,以及这一价值理念中所包含的对人性的理解和尊重,对学生的思维发展和智慧提升所具有的深远价值和根本意义。

### 三、对习以为常的教学观念和行为寻求改变

第一，将严肃沉闷的课堂氛围转换为欢快愉悦的思考环境。课堂是不是一定要严肃有秩序？学生在课堂上的言行是不是必须严格遵循纪律规定？相信大多数中小学教师对课堂纪律和课堂环境有明确而固定的要求。

创设快乐、合作的课堂，不仅能够让学生的体验和学习更为丰富、有效，也更有利于激发和培养学生的创造性思维。可以联想并对比一下国际知名企业的工作环境。当我们提起办公大楼时，首先想到的或许是摩天大楼、水泥建筑，密密麻麻的小隔间、灯火通明的办公室，此起彼伏的电话铃、步履匆匆表情严肃的商务人士。但如果我们到过谷歌和华为等公司，将会彻底颠覆我们对企业工作环境的原有认识。广阔的绿地、员工骑着滑板车和自行车在公司穿行、盎然的室内丛林、舒适的沙发，谷歌总部一向以其古怪的工作环境而闻名；位于深圳的华为公司总部，大楼内随处可见的温馨的咖啡馆、鲜花绿植缠绕的拐角沙发座、浪漫小屋般的员工餐厅，溪流背坡村的研发园区内，别具风情的通勤小火车，如诗如画的园区风景，以及笔者在参观时不时偶遇的雨后大蜗牛，无不令置身其中者心旷神怡，诗情大发。这样的环境旨在促进创造力和人际协作，有助于提升生产力和工作幸福感。

显然，环境对人的创造力和工作效率的影响在这些企业受到了高度重视。教育研究者也已经开始关注快乐在课堂里的作用。早期的研究结果显示，更快乐的学生往往学习成绩更棒（布洛克 等，2020）[106]。"尽管一定程度的压力能够激发思考，但如果承受的压

力过大，大脑会变得迟钝，思考能力也会下降。研究者发现，当人们遭遇飞机失事、飓风、洪水或水灾等灾害时，大多数人的思维处于停滞状态。"（博斯，2016）[26] 那么，既然学生每天都要在学校度过大部分的学习生活时间，难道学校不也应该将学生安顿在身心愉悦、自由创作和相互合作的学习与思考环境中吗？这样的环境既需要外在的硬件设施和视觉可见的空间布置，也需要考虑隐性的学习氛围和人际交往。

对教师而言，如何努力使学生在自己的课堂变得更开心，列举一些帮助自我反思的问题会是很有效的做法。这些问题包括：课堂上我如何鼓励学生参与表演？我如何鼓励学生的好奇心和创造力？我如何鼓励学生自我发现？我如何给予合作机会？我在课堂上创造了什么样的舒适环境？（他们能自由地在教室里走动吗？有灵活的座位吗？）我如何让学生分析他们自己的资料、跟踪他们作为学习者的进程？我在课堂上采取了什么具体方法来积累社交资源？我如何努力在我的课堂上培养诚信、可靠和相互依存的关系？我如何描述我的课堂上整体的基调和氛围？（布洛克 等，2020）[115-117]

第二，将传统的课堂提问转变为苏格拉底式诘问。课堂提问是最常见的教学活动，但并非所有的教师都擅长提问。在过去多年的课堂教学观察中发现，有些教师对课堂提问因为太过习以为常，任由经验的、随意的低水平提问充斥在教学活动中却不自知。教师在课堂上可以向学生提出多种不同类型的问题。"但最有区别性的问题有两类，即开放性问题和封闭性问题。研究表明，教师使用最多的提问是封闭性的、事实类型的问题。它们是修辞性的问题，即教师知道答案却进行知识性的测试。开放性问题是真正的发问，教师不知道答案，正在向学生寻求答案。"（费舍尔，2007）[129] 可见，两类问题最为核心的区别在于，开放性问题是教师也不知道答案的问题，也因此是允许并鼓励学生自由思考、期待并欣赏不同学生的思考的问题。

并非任意的无确定答案的提问都是苏格拉底式诘问。苏格拉底式诘问的关键在于激发思考，尤其是持续探寻理由、形成假定和结论的深度思考。"据说苏格拉底把教育称为'大脑的狂欢节'，而哲学诘问是对思想的庆祝。苏格拉底式诘问帮助我们把基本的思考要素集中在思想或概念上。所有提问激发出的思想，都有成为真理的可能。"这样的提问不满足于形式上的一问一答，不停留于事实信息的交换交流，而是直指现象背后的实质，激发师生双方的智慧和灵感，进而产生并建构全新的关于世界的概念和思想。"苏格拉底式诘问可以激发任何形式的讨论，不管是历史、艺术、科学等学科课程，还是所有层面的教育，从幼儿园到大学，或在学校、家中及集市上。因为这些提问，我们的讨论远离了随意的逸事、知识片段的交流及未经证实的观察，进而确定了目标和方向。提问的最终目标是使提问内在化，即学生向自己提问题。"（费舍尔，2007）[129-130] 可见，不是通过教师提问学生回答的过程消除学生的疑问，它与学生因回答问题正确而获得教师的赞许和表扬的习惯做法相反，诘问是为了不断挑起和激发学生内心更多的疑问与思考，从而使得问题是生长性的、思考是持续性的。

那么，既然学生也能提问，教师的提问如何区别于学生的呢？研究表明："教师的提问，一般来说不应过多，但应该是更好的问题。"更好的问题是什么呢？事实上并不存在什么固定的苏格拉底式提问，但又的确存在着可以参考或借鉴的、开放式的、能够引出更好思考的提问，如表4-1的苏格拉底式提问（费舍尔，2007）[129-130]：

表 4-1　苏格拉底式提问

| 苏格拉底式提问 | 类别 |
|---|---|
| 1. 需要阐明的提问<br>· 你能解释……?<br>· 你说……是什么意思?<br>· 你能给我举一个……例子吗?<br>· 那怎么帮助我们……?<br>· 有谁要问……? | · 解释<br>· 下定义<br>· 举例<br>· 支持<br>· 诘问 |
| 2. 寻求理由和证据的提问<br>· 为什么你那样认为……?<br>· 我们怎么会知道……?<br>· 你的理由是……?<br>· 你有……证据吗?<br>· 你能举出……反例吗? | · 构成论点<br>· 假定<br>· 给出理由<br>· 给出证据<br>· 相反的例子 |
| 3. 探索选择性观点的提问<br>· 你能用另一种方式……?<br>· 关于……还有另一种观点吗?<br>· 要是有人提出……会怎么样?<br>· 假如不同意你的意见的人说……会怎样?<br>· 那些观点 / 想法的区别是什么? | · 重新阐述一个观点<br>· 思索<br>· 其他观点<br>· 给出相反论点<br>· 给出区别 |
| 4. 验证潜在含义和结果的提问<br>· 你对你说的……能进一步解释吗（或我们能从你说的什么中得出……吗）?<br>· 你说的是同意刚才说的……吗?<br>· ……的结果是什么?<br>· ……有一般性的规则吗?<br>· 你怎么证明……是不是真的呢? | · 表达隐含的意思<br><br>· 一致性<br>· 结果<br>· 一般性规则<br>· 求真证明 |
| 5. 对问题 / 讨论的提问<br>· 你对……有问题吗?<br>· ……是个什么样的问题?<br>· 刚才说的 / 那个问题怎样帮助我们……?<br>· 到目前为止我们 / 谁能概述一下……吗?<br>· 我们对……的回答 / 解决方法更好吗? | · 疑问<br>· 分析<br>· 关联<br>· 概括<br>· 下结论 |

此外，还有如下一些具体的行动策略，可以帮助教师引导学生进行深入思考（布洛克 等，2018）[63-65]。

> 确定架构：利用预评估或自我评估等手段，对学生的知识背景进行评估，可以用图或表格的形式进行呈现。
>
> 思考主线：张贴学生在讨论问题时能够用到的"思考主线"，让学生在教室中的任何地方都能够看到并使用它们：
>
> 我想知道……
>
> 我在学习……
>
> 我发现……
>
> 我觉得……
>
> 这让我想起……
>
> 我刚学过……
>
> 思考表格：把思考主线打印在工作表中，让学生填写，学生在填写思考表格时，会得到思考的宝贵机会。
>
> 学习日志：对学习进行反思的日志，写日志可以帮助学生思考自己的思维过程。
>
> 注释和标注：鼓励学生尽可能在阅读过程中写下注释和标注，这有助于其更加深入地理解和思考。

第三，将个体学习的课堂打造成课堂共同体。积极的师生关系会对学生的学习产生有利的影响。无论来自经验还是常识的观察，显而易见的事实是，学生不会向他们不喜欢的老师学习。同样，积极的同学关系也会增加学生在课堂活动中的参与度，并提升他们对自己学习能力的信心。

"如果学校是真实世界的反映，那么为学生创设机会进行协同合

作而不是相互竞争对未来的成功至关重要。"（布洛克 等，2020）[106]
当下的学校生活太多激发孩子们之间的竞争，而不是鼓励相互合作与
团队协作，无论对学生个体的成长还是对其思考问题的方式，都会产
生不利的影响。这样的状况亟待改变。

课堂本身是一个集体学习、智慧交融的场所，天然具备改变独学
而无友、孤陋而寡闻的个体学习弊端的优势。将课堂打造成为学习的
共同体对学生的思维发展具有积极有效的价值。"课堂上的共同体意
识对于培养学生的成长型思维至关重要。"（布洛克 等，2020）[107]

为了打造课堂共同体，建立成长型的师生关系和生生关系极富意
义。对教师而言，以下五个基本方法对建立有效的师生关系很有帮助
（布洛克 等，2018）[71-73]。

第一，让学生知道老师坚信他们有能力取得成功；第二，让学生
尊重并喜欢老师这个人，老师要花时间了解学生的课外兴趣、生活环
境和背景，并与学生分享适当的个人信息；第三，让学生寻求并愿意
听取老师的反馈意见，即使是批评性的意见，学生也不会采取防御的
姿态；第四，让学生知道分数没有成长重要，帮助学生设定目标，并
让他们知道分数是学习过程中的一部分，是用来追踪整体成绩的数据
源，但更重要的是他们能够向着老师一起设定的目标迈进；第五，让
学生对老师有安全感，师生关系对学业成绩具有深刻的相关性，当学
生在学校更有安全感时，他们会更加愿意学习。

## 四、亲历思维课堂的感悟与思考

2018 年的春季学期，我带着多年对基础教育一线课堂观察和研
究的思考，带着长期关注儿童哲学理论与实践进展的心得，基于自身
作为 20 世纪 80 年代中师毕业生的专业信心，以一名志愿者的身份，

走上了小学教师的讲台，为上海市第一师范附属小学二（2）班的孩子们讲授了一个学期的儿童哲学课。

考虑到小学二年级孩子的认知水平和能力，我围绕"人与自我"这一主题，从引导孩子更好地自我认识，以及更好地理解自己和他人、和周围的关系这一目标出发，选择了《同一个名字》《想当太阳的小狗》《老人、孙子与驴》《选择》《木板上的钉子》《明天的树叶》等六篇故事作为教学材料，按照儿童哲学课的理念和方法，以问题思考和讨论交流为主要活动，尝试在课堂上培养孩子们的思维能力。

为了找到最佳的课堂组织方式，在第一轮授课中，先让每一堂不同主题与内容的课都按照基本相同的环节和步骤展开：课文朗读—问题思考—分组表演—智慧提示。由于选取的是课外教学材料，所以特意用注音的方式将故事内容呈现给学生。

首先学生用默读、齐读等方式通读故事，接着教师讲解生字词和可能理解有困难的句子，帮助学生快速领会理解课文。比如《同一个名字》这堂课：

因为故事内容非常通俗有趣，孩子们很快可以读完并被故事吸引。课上，全班同学读完故事即开始全体欢叫，教室瞬间充满着孩子

们叽叽喳喳的欢闹声。接下来就需要教师用有趣的问题，快速抓住孩子们思维的注意力，将他们带入有效思考的状态。这个环节是最令孩子们兴奋的，也是最值得老师期待的，即课堂上的问题思考环节。

根据课堂观察记录和课后统计，在这样以讨论和交流为主的课堂上，30个孩子每人都可以做到三至十余次的课堂发言。教师根本无须大段讲解，甚至无须多言，只需要在孩子们的思考和言论之间进行适当的引导与转换。一堂极富灵感、充满智慧、思想流淌的课堂就产生了！

在用语言的方式充分表达思考之后，孩子们独具童真和创造力的课堂分组表演则更加真实生动地展现了他们内化和领悟之后的再思考和再创造。

课堂最后的智慧提示环节，则是用几句概括提炼的观点作为孩子们进一步思考的参考。

巧合的一个安排是，同一个学期，我在华东师范大学为教育管理学专业的博士生们授课。每周二的上午，结束三小时的博士生课，中午便到小学进行一小时的儿童哲学课，课后再回到国家教育宏观政策研究院的办公室，继续完成我作为一名教育智库研究管理者和研究者的工作。在这几个角色的迅速转换中，带给我的体验和感悟是极其特别的。主要有：

第一，在二年级小学生的课堂上，思维的含量、头脑风暴可能产生的挑战和冲击丝毫不亚于博士研究生的课堂；即使是二年级小学生的课堂，曾经的中师生，今日的大学教授，想要上好（什么是好？这或许是个复杂的问题，为了方便理解，我们姑且简化为孩子们喜欢即是好）也并不简单。课前的准备，尤其是对孩子们认知和思维水平的了解极为关键。庆幸的是，小学教学经验并不丰富的我，那时身边有个最佳的备课对象和讨论的小伙伴。

第二，教师一定要把讲台中间的位置还给学生，把课堂表达的机会还给学生。学生们头脑中蕴藏着远超成人和教授预期的巨大潜力，教师最需要做的就是把课堂上的话语权给学生，把课堂展示的空间和机会给学生。催发学生思考的潜力，调动学生表达的愿望，把学生创造的冲动激发起来。

　　一个学期小学课堂教学的经历很短暂，但留给我的感受和思考却是真实而深刻的。不论如何，孩子们那认真思考的面孔、欢快的笑脸、频繁高举的小手，都深深刻在了我的脑海里，好像有一股魔力，吸引着我随时想要回到那个场景和氛围之中……

## ◎本章回顾与反思

　　1. 你认为中国基础教育课堂教学在学生思维培养方面最成功的经验是什么？最欠缺的是什么？

　　2. 请讲述一个你经历过的最具有思维教学含量的课堂教学片段或案例。

# 第五章 改变教师的思维

一个教师若由习惯性思维控制了自己的行动，由种种盲目迷信的奇怪的意念主导了自己的思维，指望他训练学生的思维就没有了发生的可能。我们常常感叹身边的教育没有重视学生的思维训练，没有足够关注学生的思维发展潜能，于是出现了训练学生思维的多样化的教材。"怎样使孩子聪明""智力鸡汤""教育革命"等悄悄地在市场上登台亮相。相应地，学校的课程领域也开始有了变化，"儿童哲学""创造课"等进入了课程设计。这些努力确实可引起某种程度上的观念转变，使人们感受到时代的转型需要大量的创造性人才，使人们意识到教育不只是一件关乎传递的事业，更重要的还有创造的使命。但我们似乎忽视了，学校教育从传递模式到创造模式的转换、从知识习得到思维训练的转变，关键的策略除了教材和课程改革，还有教师的思维转换。所有的转变，只有落实到改变教师的习惯性思维，相应的教学才有可能"教会学生思维"。

# 第一节　习惯性思维的危机

教师往往以两种方式展开自己的生活，要么生活在"假设—检验"的反思性思维中，要么生活在苏格拉底曾经嘲笑的"无检验的"习惯性思维中。习惯性思维是相对于"科学思维"或杜威所谓的"反思性思维"（reflective thinking）而言，其特征是教师根据自己的经验形成某些结论，因此也有人称之为经验思维。

## 一、习惯性思维的缺失

习惯性思维虽然在某些情况下是有用的，但它有明显的缺点。首先，它不能适用于新异的情境。经验思维或习惯性思维是在特定的情境中获得的某些结论，满足于经验思维的教师总以为这些结论可以在更大的范围使用和推广。而事实上，通过经验获得的对一个学生有用的教育策略复制到另外一个学生身上可能就不那么有效，在一个班级试教成功的教学方法移植到另一个班级就可能出现意想不到的新问题和麻烦。所以，以习惯性思维应付教育，尽管在某些时候某些班级可能获得成功，但一旦变化了学生、变化了教材、变化了时间，原来应付教育的成功策略将失去它的价值。

其次，习惯性思维具有引出错误信念的倾向。尽管许多经验的结论大体上是正确的，对实际生活确有很大的帮助，也曾为科学知识的形成提供了素材和原料，然而经验思维的方法却不能辨别结论的正确或错误，因而经验的方法又是造成错误信念的根源。最普遍的错误是将那些偶然先出现的事件作为后出现的事件的原因，以至于迷信体罚学生将使学生变好，却忘记了"杀鸡给猴看"的后果是使猴子也学会了杀鸡；以为只要教给学生考试的技巧就能使学生成功，而不顾学生长远的兴趣和教育的根本目标。

再次，生活在习惯性思维中的人总是容易被假象蒙蔽。培根在《新工具》一书中提到四种错误思维的"假象"：种族假象、洞穴假象、市场假象和剧场假象（彭越 等，1996）。比如人很容易自以为是，不按照自然界的本来面目去认识它，反以人类的尺度为依据，"人的感觉被错误地断言为事物的标准……，人的心灵就如一面凹凸镜，把自己本身的属性渗入了不同的对象"。把人特有的本性强加于客观现实，结果歪曲了事物的真相。这是来源于人的类特征的错误。因此，培根称之为种族假象。

人们往往会把自己的个性和偏好渗入事物中，从而歪曲真相，犹如每个人被困在自己的"洞穴"中坐井观天。这种被培根提出来的"洞穴假象"，根据杜兰特（1997）的解释，是指个人的性格。如有些人的心灵生性是分析型的，他们到处看到差异，而另一些人的心灵生性是综合型的，他们到处看到相似；又如，"有的人生性无比崇古，而另一些人又生性渴求创新，只有少数人坚持中庸，既不破坏古人得当的建树，也不藐视今人适宜的革新"。而真理懂得不偏不倚。

在培根之前的柏拉图也讲过洞穴假象（洞穴比喻）：在一个幽深黑暗的洞穴里，住着一批囚犯。他们双手被反绑在柱子上，背向洞口，脸朝洞壁，脑袋不能向后张望。他们从来没有出过洞穴，也不知道身在洞中。在他们身后燃烧着一堆火，在火与囚犯之间有一些类似木偶戏的表演，火光把木偶和囚犯的影子投射到墙壁上，他们把看到的这些影子误以为真实的事物，从来不曾有过怀疑。突然有一天，一个囚犯挣脱绳索，转过身，看到了身后原来是一堆木偶。爬出洞穴后，他看到了太阳和在阳光普照下的大千世界，于是茅塞顿开，醒悟以前所见全是虚幻不实的幻象。他怀着惊喜的心情匆忙跑回洞穴，把自己了不起的发现告诉众人。谁知其余的囚犯根本不相信他的话，对他百般嘲弄，说他比没走以前更蠢，因为他竟然要求大家相信完全不可能的痴人说梦。

生活在学校教育中的教师会怀有类似的假象吗？

答案是肯定的。学校教育中总是有太多的教师生活在充满错误危险的习惯性思维中。他们虽也在思维中生活，但他们的思维多半由习惯起作用，是一种远离了科学思维的习惯性思维。他们的问题不是没有使用思维，而是错误地使用了思维，使思维或者向着错误的方向发展，或者根本就缺乏发展，或者形成了系列的思维障碍，尽管不排除某些教师的习惯性思维偶尔也有较高程度科学含量的可能。

## 二、习惯性思维沉淀为"内隐理论"

处于习惯性思维的教师往往不知不觉，且在不知不觉中形成了自己个人化的教学理论。20 世纪 90 年代以来，不少心理学和教育学研究者对教师的这种习焉不察的个人化教学理论产生兴趣，并称之为教师的"内隐理论"（implicit theory）（Marland, 1994）。内隐理论是教师的习惯性思维以观念的方式沉淀在教师的头脑中，它类似某种教育理论，又不具备科学理论的基本规范。而恰恰是这些不如科学理论规范的内隐理论在支配着教师的日常生活和日常教学，科学理论却较少发生影响，这个事实多少令教育科学理论研究者想起来不是滋味。

内隐理论以不同于科学理论的方式存在并以自己的特点影响教师的教学和正式的教育改革，其特点如下。

第一，内隐理论隐藏在教师内心深处，不张扬也不外显，因而容易被忽视。其后果是教师做出了一系列决策，完成了一系列教学任务，教师本人却没有自我意识。一个没有自我意识的教师不可能坚持自己的追求，也不可能不断地反思自己的教学，使自己的教学随时随地适宜学生的思维发展。

第二，内隐理论是粗糙的、零碎的，不那么明确，也不构成系统。这种粗糙的、零碎的理论总是片面地或偏激地认定教育的某一方面的意义，却轻视完整地构建自己的教育观念，未能以整体的教育观念和教育策略去系统发展学生的思维。

第三，内隐理论是不确定的、易变的、可动摇的，因而它不可能稳定地影响教师的教学，常常使教师的教学呈现不稳定性的冲动。说它是易变的，是指教师对自己的内隐理论的种种假设还没有达到"信仰"的程度，教师使用自己的内隐理论，但只是在不知不觉的状态中使用它，一旦被人点醒、指正，教师可能愿意放弃自己原来的内隐理论。但愿意放弃只是一种态度和情意，并不意味着教师很容易就丢弃原有的内隐理论。肯定教师内隐理论的易变性并不天真地估计它是容易改变的。相反，改变教师的内隐理论往往需要经历一段艰难的旅程，需要教师付出改造自我的痛苦，需要教师不懈地自我挑战。

第四，内隐理论是教师的个人化理论，它既无法向他人明确地表达、交流，也无法与他人分享。这种个人化的理论无论怎样进步，至多也只能是隐匿和封闭的，少了社会化并由此获得公众认可的机会，也就不可能为自己争取合法性资格。不合法的内隐理论是孤独的，孤独的理论不仅失去了交往的价值，也会为教师自己带来生活的危机，因为孤独的教学将自然地导致孤独的生活。对教育行为失败的教师而言，若不能从自己的内隐理论中惊醒过来并设法改变自己的教学方式，将不可避免地陷入孤独，甚至将失去执教的能力。对教育行为成功的教师而言，如果不反思自己的内隐理论并设法使自己的内隐理论外显化、科学化，则不可能与他人交流自己的经验或分享自己的成功。一个教师若不愿意或不善于同他人交流自己的经验，那么，教育教学上的成功不仅不会为其带来荣誉，反而会招来他人的排挤和嘲弄。不少教师在教学上成功，在生活中却孤独，一面辉煌得意，另一面却困惑失落，这正与"交往失能"（communication disability）有关。对成功的教师持排挤或嘲弄的态度的人固然可憎，但成功的教师若不屑于或无能力与人交流，与他人生活在一个共同体内却没有基本的交往行为，被排挤或嘲弄总在情理之中。无论古今中外，没有交往行动，容易发生障碍和争斗。中国人向来惭愧有"窝里斗"的陋习，但西方因缺少交往而滋生纠纷的事件绝不逊于东方。德国学者哈贝马斯郑重其事地宣扬"交往行动理论"，以此解救现代西方社会的精神毒瘤。可见交往具有普遍的意义，也可见所谓的内隐理论不得不经过外化而有进入交往的必要。

第五，教师的内隐理论是情境性理论。内隐理论是教师个人在自己的生活和教学情境中形成的某种特定的文化假设与教学观念上的假设，具有很大的情境性。由于情境性理论是教师在自己的生活以及教室等特定的空间内形成的，往往不大可能具有普遍的意义，因而一种情境中形成的个人化的内隐理论不一定适合为另一个情境的教育提供解释和指导。若指望教师的个人化内隐理论增加普遍的意义，就不得不与他人交往沟通，与他人交换自己的教学感悟。教师就不得不有意识地反思自己的教学行为及其背后潜藏的内隐理论，使自己的内隐理论经由主体间的交互影响而获得改变。

第六，教师的内隐理论并非直接受教育理论著述的启示，而更多的是源于教师的日常生活经验、教学经验以及对这些经验的自我解释，所以教师的内隐理论是某种行动理论、生活理论或实践理论。行动理论固然说明它不是一般意义上的科学理论，需要以科学的"假设—检验"程序使之合理化程度提升。但作为行动理论的内隐理论同时说明：首先，教师的内隐理论与教师的生活相关，它甚至就是教师对自己的生活方式的一种理解。因此，若期望改变教师的内隐理论，就不得不深入教师的生活世界进行重构。从某种意义上说，改变教师的内隐理论，意味着改变教师的生存方式。其次，只有经过教师本人的行动，才有可能使内隐理论真实地发生改变。对内隐理论的研究结果都无一例外地重视教师要成为研究者，这与内隐理论的行动特性相关。

## 三、走向反思性思维 / 反思性教学

有研究表明，教师本人在师范教育计划和教师继续教育中所学习的教育理论框架很少能成功地改造教师的习惯性思维。尽管在师范教育计划和教师职后培训中，教师学习了"教育学原理""教育哲学""教学论""课程论""教育研究方法"和其他内容，但这些理论并不一定会指导教师的教学行动和教学实践，真正起作用的，正是那些隐藏在教师内心的、嵌入教师日常思维的"内隐理论"。内隐理论随时随地对教师的日常教学行动和日常教学实践产生作用，以无意识的方式影响着教师的课堂教学思维及其对课堂教学事件的处理方式。教师生活在自己的内隐理论之中，却不知不觉，"日用而不知"。教师大量地运用自己的内隐理论处理教学事件和教育资源，但教师本人

对自己的内隐理论却很少能明白地做出解释。若任由内隐理论长期处于休眠状态，教师对自己潜意识的教育观念不做任何有教育意义的反省，教师也就只能长期生活在自己的习惯之中止步不前。若教师的内隐理论是进步的、对学生的思维发展是积极的，这种习惯性的内隐理论尚有存在的价值和理由——尽管同样需要改变它、发展它，因为发展是最好的存在方式，否则进步的会沦落为落后的。如果教师的内隐理论原本就落后，甚至阻碍了学生的思维发展，那么，指望发展学生的思维，让学生学会思维，就不得不先设法唤醒教师的自我意识，使教师改变自己的内隐理论。

可见，无论从内隐理论本身的合理性来看还是就内隐理论的外部合法性而言，它都需要经由改变教师的习惯性思维得到调整。近年来的相关研究中提出的教师反思性教学以及反思性思维策略，正是应这个问题而生。与习惯性思维相对的是反思性思维。习惯性思维往往会使教师误入歧途，反思性思维虽不能保证教师完全不误入歧途，但至少可以引导教师经由反思发现错误并通过深谋远虑、探本求源走出歧途。

本书第二章曾详尽探讨过杜威提出的反思性思维的"五个阶段"（即"五步思维"），并最终提出我们的观点，认为杜威所设定的五个步骤虽详细却显累赘且不完整，反思性思维真正的核心不过是"假设—检验"，也就是他的学生胡适所提出的"大胆假设，小心求证"。"假设—检验"式的反思性思维虽然适用于任何科学研究的一般过程，但在教学中却有特别的意义。

教师的"假设—检验"式的反思性思维总是经由教师的反思性教学得到发展，没有教师的反思性教学，反思性思维就落入虚空。反过来说，反思性教学的具体过程也就是教师"假设—检验"思维的展开过程，没有"假设—检验"的反思性思维过程，反思性教学将无所作为。反思性思维以内隐的方式影响教师的教学，而反思性教学实际上是反思性思维及其内隐理论的外化。当教师追问自己"我为什么这样设计教学？我的教学是否实现了我的设计？我在课堂教学中遇到了哪些意想不到的问题？我是怎样处理这些问题的？我为什么以这样的方式处理而不是以那样的方式？"等问题，并将对这些问题的思考记录下来或者运用到自己的行动中去时，教师的内隐理论就进入外化的状态。

内隐理论的改变实质是经过内隐理论外化的途径来让教师意识到自己的内隐理论并与他人发生交往。但外化之后的内隐理论并非完全被抽空，与其将外化的、由内隐理论逸出的理论视为对内隐理论的"删除"和"替换"，不如理解为内隐理论自身的"复制"和"保存"。内隐理论的一部分被复制、保存为可供交往的理论，而内隐理论本身由于交往而发生内部调整和结构转换，旧有的内隐理论经过内部优化组合形成新的内隐理论。某种状态的内隐理论发生了改变，但改变了的内隐理论将演绎为新的内隐理论。改变教师的习惯性思维其实是促使教师形成一种新的习惯性思维（反思性思维），改变教师的内隐理论实际上是使教师拥有一种新的内隐理论。

所以，当我们计划改变教师的思维时，我们的意图实质是使教师的内隐理论外化，进而使教师从习惯性思维转入由"假设—检验"构成的反思性思维；而在我们打算发展教师的反思性思维时，我们使用的具体策略实质是使教师从习惯性教学进入反思性教学。

## 第二节　改变教师思维的相关要求

教学中的"假设—反思"实际上是一种教学行动的反思程序，是教师对某种教学材料、某些教学现象而发出的系列假设和对假设的核实。所有的假设，都围绕"我如果采用某种教学策略，学生的思维将得到更好的发展"这样一个主题。而在实际的教学中，这个主题又与教师的教学态度和思维态度相关，因而它又演绎为与教师的思维态度相关的下述一系列追问。

### 一、我是否愿意宽容学生的错误

挑剔、批评是追究事理、考辨学术问题的一个前提性条件。挑剔与批评甚至可以认为就是一种创造性思维的品质，没有挑剔和批评的意识，不但问题不容易被发现，即使发现了问题，也不容易设法解决。富有创造性思维的教师意味着能坚持以挑剔和批评的眼光打量周围的现象，考究他人的意见和观点，并从中发现疏漏和错误。我们提倡教师成为具有创造性思维的教师，也就是提倡教师学会挑剔、学会批评，学会用挑剔和批评的眼光发现教学问题并提出改进教学的合理策略。

但我们在提倡教师学会挑剔和批评以便养成创造性思维的同时，

并不愿意鼓动教师去做一个在同事面前"不可一世"的人，也并非鼓动教师去做一个在学生面前唯我独尊、"不容分说"的人。一个真创造的教师一定是允许别人也有创造权利的教师，愿意为别人提供创造机会并敢于使自己的观点接受别人的挑剔；一个真批评的教师一定是鼓励别人也同样拥有批评精神的教师，愿意让自己的意见接受公众批评的考验。可见，真正的挑剔和批评以不影响、不损害他人的挑剔和批评权利为前提。而一个教师若一旦承认和接受了他人的挑剔、批评权利，肯定了他人的创造性思考和创造性生存的权利，也就意味着获得了一种宽恕、宽容的美德。

这似乎有些奇怪，我们一面在极力鼓励教师学会批评、学会挑剔，另一面又在提倡教师学会宽恕、学会宽容。实际上，当我们鼓励教师学会挑剔与批评时，是赞赏一种"做事""接物"的个性；当我们鼓励教师学会宽容与宽恕时，是推荐一种"做人""待人"的态度。挑剔与批评是针对教师个人的创造性思维而言的，而宽容是针对教师在与他人交往时对待他人的创造权利而言的。

当然，教师在"做事""接物"、对待他人的观点和意见时也需要保持"宽容"的心态。这就是杜威所强调的"开放性"和"胸怀宽阔"。杜威在劝导人们"将反思性思维作为教育目的"因而鼓励教师具有怀疑、批判精神时，也特别强调了"宽容"（open-mindedness）态度的重要意义。在《我们怎样思维》一书中，他认定"思维起源于某种疑惑、迷乱或怀疑"，但反思性思维必须具有宽容的态度。宽容是对新的主题、事实、观念和问题采取包容的态度。"它包含一种愿望，去倾听多方面的意见，不偏听一面之词；它留意来自各种渠道的事实，充分注意到各种可供选择的可能性；它使我们承认甚至在我们最喜爱的观念中，也存在错误的可能性。"（杜威，1991）[24]

而一个少有宽容意识的教师，常常把某种观念看作一个"宠物"，并且捍卫它，对任何不同的事物都视而不见，听而不闻。不自觉的惧怕心理也驱使我们采取防卫的态度，就像身穿盔甲，不仅排斥新的概念，甚至阻碍我们做出新的观察。

可见杜威的"宽容"仍然是一种"做事""接物"的态度，是针对教师个人的"偏见"而言的。而我们所赞赏的"宽容"除了杜威的"不偏听一面之词"之外，还有允许他人挑剔和批评、给予他人挑剔和批评的权利的意义。优秀的教师往往是那些既自己怀有挑剔、批评的创造性思维品质，且在与他人交往时又能够大度地让自己的意见接受别人挑剔和批评的人；是那些既自己善于挑剔问题、提出批判性意见又能在与他人对话时尽量以宽容和宽恕的心态去鼓励他人发表意见、尝试错误的人。正是在这个意义上，宽容、宽恕才常常作为做人的美德而受到褒扬。宽容、宽恕的美德绝非鼓励教师在"是非"面前不置可否、万事大吉或态度暧昧，它是立足于挑剔和批评精神的宽容。具体到培养学生的创造性思维品质，合理的教学策略应该是：教师既胸怀挑剔、批评的创造性思维品质，但为了更好地发展学生挑剔、批评的创造性思维品质，又需要鼓励学生尝试错误，允许学生在"假设—检验"的试错过程中发现问题、提出假设并检验假设。一个具有宽容品质的教师，他的学生将能更自由、更大胆、更有创见地思考。一个高频率地摇头的教师、一个对学生的错误嗤之以鼻或报以呵斥的教师，其学生自然无创造性思维或创造性活动可言。

## 二、我是否打算不过多地"控制"学生

长久以来，教师将"指导""控制"学生作为自己的神圣使命，似乎教师的作用就在于为学生讲授知识、传递知识，学生理所当然地

在教师的控制之下接受教师的种种要求和指令。

后来人们逐渐意识到教师对学生控制过多带来的学生疏于思考、拒绝创造的后果，开始探索多种有效的"指导"办法。人们也的确提出和探索了一些有价值的"指导"性教学策略，比如"自学辅导教学""尝试指导、效果回授""异步教学"等，但所有这些策略都有一个牢固的特性，即仍以不同程度的"指导"方式"控制"学生，仍然走不出"控制"和"指导"学生的窠臼。

具有革新意义的教学策略是由美国学者罗杰斯倡导的淡化教师"指导""控制"意识的"非指导性教学"。有人对罗杰斯的教学做过观察并撰写了报告（吴文侃，1990），提出他的课程是完全不拘泥于一种形式的。任何时候、任何人，甚至教师也不知道下一分钟教室里会出现什么局面，会对哪一个题目展开讨论，会提出哪些问题，哪些个人的需要、感觉和情感会宣泄而出。这种无拘无束的自由气氛是由罗杰斯本人造就的。在这里，人们享受到人类相互给予的一切自由。

罗杰斯博士以一种既友好又随便的态度和大约 25 位学生围坐在一张大桌子旁，他说他很乐意听学生们谈谈自己的目的，再做一些自我介绍。随之而来的却是一段紧张的沉默，没有人讲话。最后为了打破这种局面，有个学生羞怯地举手发言，接着又是一阵令人尴尬的冷场，之后另一个学生举手。在那之后，大家活跃起来，罗杰斯始终没有催促任何一个学生开口。罗杰斯告诉大家，他带来了大量的材料——小册子、文章、书籍等，发了一份参考书单。他一直没有表示希望学生去读这些书或做其他事情。他说还带来了一些治疗过程的录音磁带、电影磁带和胶片。这使学生大为兴奋，他们问能否听到自己的声音和看到自己的形象，罗杰斯说可以。于是，全班学生商定了如何把这件事做好。一些学生主动要求管理录音机，筹备放映机等。这期间绝大部分活动也是学生自己发动，自行组织。……接下来的四次课进行得相当艰难而令人失望。在这期间，课程似乎没有任何进展。学生们的谈话东拉西扯，想到什么就说什么，一切显得杂乱无章，漫无目的，简直是在浪费时间。但罗杰斯还是聚精会神地、诚恳地倾听每一个人的发言，他似乎并不在乎学生的发言是否切题。

到第五次上课的时候，情况开始好转。学生们相互交谈，不再理会罗杰斯。他们希望并且要求别人听自己说。原先那个犹豫迟疑、吞吞吐吐、尴尬羞涩的班级这时变成了一个相互影响、相互促进的班级，成为一个崭新的、紧密结合的整体，它以自己独特的方式进行活动，同时出现了一些只有他们自己才能重新描述或重复的讨论和想法。罗杰斯也参与进去了，他的作用应该比班里任何一个人都重要，但是他却设法使自己与班级化为一体；学生组成的集体成为中心，取代教师成了活动的组织者，罗杰斯从来不做总结性发言。这与其他教学法很不相同。各项讨论最后都悬而未决，课堂上提出的问题总是在流动变化之中。学生们出于获得知识、取得一致的愿望，力求去理解并得出结论。由于课程没有一定的结构，每个人都把自身投入课堂之中，讲的是自己的话，而不是课本上的语言，因此，每个学生以真实的自我与他人交流，也正因为如此才产生了这种亲密的关系和热烈的气氛，这与一般课程上那种非人格化的课程内容形成了对比。

罗杰斯的非指导性教学是一种很少控制的自由教学方式，教学的目的、内容、进程和方法等由学生自己讨论决定。学生有绝对选择的自由，个人可以无拘束地提出自己的问题，发表自己的意见，一切活动由学生自己发起，自行组织。

与我们现行的制度化的班级教学实践相比，罗杰斯的"非指导性教学"看起来似乎激进了一些，但它的意义在于提醒那些"自以为是"的教师在苦心孤诣地忙于"指导""控制"学生的创造性活动、"指导""控制"学生发展创造性思维的时候，是否该考虑彻底转换视角、改变立场：从热心于指导学生的"指导者"转换为观察学生活动的"旁观者"或参与学生讨论的"参与者"。作为"旁观者"和"参与者"的教师不必急于指点和展示自己的见解，而是为学生提供思考的时间和空间，在必要的时候甚至可以让学生陷入思维的疑惑、迷离或困顿状态，以便令学生养成主动思索、决策的思维习性。作为"旁观者""参与者"的教师不必利用制度化的权力成为对学生发号施令的"权威"，放弃自己的权威形象将可能换来学生的主见和自由创造；作为"旁观者""参与者"的教师甚至在学生暂时冷场、尴尬、无话可说时，也不必因此而放弃"非指导性教学"的立场，我们有理由相信，从控制的教学到非指导性教学的转变会有一个艰难的适应过程。

总之，非指导性教学并不一定循守罗杰斯的模式，它的真正意义在于建议教师：不要过早地告诉学生答案，甚至不要过早地为学生设计问题。具有反思性思维意识的教师将为学生创设问题情境，却由学生自己从迷离的困境中设计问题，将尽可能多地为学生提供探究学习的材料，却不轻易给出问题的答案。

显然，"宽容""控制"已经不是一般意义上的教学方法层面的操作，而是进入了教师的生活领域。比如，宽容首先是一种美德而非简单的教学策略，它是教师的基本文化修养和生活态度。人们赞赏宽容却并不专为发展学生思维而提出来。但这个事实并不说明宽容对于发展学生的思维不重要或没有特别的意义，反倒说明教师是否关注了学生的思维发展，关键在于教师是否拥有一种合理的生活态度和精神气质。人们已经意识到不会宽容的教师将限制学生的"大胆假设"，使学生失去不断尝试错误的勇气，人们也开始承认教师的不宽容态度与学生的思维沉闷有直接的暗示关系。但人们似乎甚少考虑，教师何以不宽容？仅仅从已有的教育理论那里就可以得到说明吗？仅仅为教师推荐创造性教学方法或教学策略就可以使不宽容的教师向宽容大度、心胸开阔转化吗？

这些问题已经涉及我们前面提到的内隐理论的行动特性。教师的内隐理论虽与教师接触的教育理论相关，但它首先是教师的个人生活经验及其理解的积累。既然教师的宽容由生活经验及其对生活经验的理解累积而成，说明只有回到教师的生活经验中，才可能发展教师的宽容品质。也正因为如此，我们才认定一个可能发展学生思维的教师，首先应该是一个拥有合情合理的生活方式的教师。所以，如果建议教师"教会学生思维"，实际是建议教师自己"学会生活"，学会过另一种"反思性生活"或苏格拉底所憧憬的"有检查的生活"（examined life）。而一旦呼唤"反思性生活"或"有检查的生活"，就关涉我们前面提到的"假设—检验"的生活方式和教学方式。问题是，谁来改变教师的思维？

### 三、谁来改变教师的思维

之所以教师的内隐理论大量地处于不知不觉的状态而主导了教师的教学行为，同时教育理论研究成果又难以进入教师的理解、不易影响教师的教学观念，实在是因为以往的教育研究是"对教师"的研究甚至是"防教师"的研究，教师在研究中作为观察和评价的对象，教师不是作为一个具有自我意识的主体出现在教育研究中。

对教师内隐理论的关注使教师在教育研究中的传统地位发生变化。内隐理论首先暗示了教育研究者开始承认教师拥有自己的"理论"，尽管这种理论不一定是科学的理论。既然教师已经拥有自己的理论，说明教师也具有研究并形成个人化理论的潜能。对教师成为研究者的潜能的承认，意味着理论界开始认可：只有教师自己才能改变自己，只有教师自己意识到自己的内隐理论并经过反思才可能使之得到调整。内隐理论只有在教师努力转化自己的习惯性思维，在反思和自我批判中才有可能不断地获得挑战和改造。

在有关教师内隐理论的研究报告中，教师实际地被期望成为积极的研究者共同体中的重要成员，传统的教育研究将大量地让渡给教师，教师成为改变自己职业形象、提升自己专业化水平的主体。人们开始承认教师对其教学实践有自己的理解，承认教师可能经过思考、不断反思自己的教学形成有效的教学信念和个人化教育哲学。而一旦教师理解自己的内隐理论并有意识地利用和改造自己的内隐理论，他们的教学实践就会发生相应的转变。

有意义的是，人们很早以前在教育研究中就提出了教师要"理解学生"，要了解"学生到底在想什么"。但传统的教育研究在大量关注学生时似乎冷落了教师的心理和情感。其实，对教师内隐理论的研究不过是类似"理解学生"的一种转换。重视教师的内隐理论，其实是研究者自己在询问自己"教师到底在想什么"，然后又不得不承认，只有教师自己才知道自己到底在想些什么，只有教师自己才能决定自己还应该想些什么以便调整自己的原有想法。

教育理论研究者可以研究教师的教学行为，并建议教师怎样改变自己的教学行为，但所有的教育理论研究至多也就只能为教师提出一些建议而已。而所有的建议只有等到教师以研究的心态与研究者发生共鸣时，才有可能被教师接受，并对建议作个人化的理解和重构。

看来，除了教师自己，没有人能够改变教师的内隐理论。改变教师的思维实际上是教师使自己的思维永远处于变动不居的改造路途中，处于不断反思和自我挑战的旅程中。教师在教学行动之前和在教学行动中需要敏感地关注那些可能发生的教学问题，在行动中和行动之后不断反思问题是否已经被化解或获得了哪些暗示。由于问题总是源源不断地呈现，教师不得不持续地变换自己的思维策略来寻找解题的办法。因此这类教师总是不得不改变自己的思维策略，不断地挑战自我、超越自我，在"假设—检验"的思维活动中反思自己的生活。并没有最好的生活方式，将反思作为一种生活，那么反思本身就是好的生活方式。并没有最好的思维成果悬置在世界的某个角落等待人去虔诚地领受或摘取，也没有最好的教学理论摆放在某个书橱中值得所有人顶礼膜拜。最好的思维可能只是教师持续地处于反思中的思维，最好的教学可能只是教师不断地挑战自我的教学。

但是，一个沉湎于习惯性思维中的教师，仅仅通过自己的反思就可以转入反思性思维而大彻大悟吗？也就是说，教师的反思性思维可以由教师自己启动吗？这正是有关教师内隐理论研究中的一个令人困惑的难题。部分研究者对教师自己执行反思性思维持乐观的态度，认为教师有足够的实力不必借助于外部的评价自动地反思；部分研究者却保持低调，坚持教师只有经由外部的评价才能触动反思性思维。教师的内隐理论的内隐性决定了教师无法看到自己的理论，既然无法透视自己的理论，当局者迷于其中，就只有凭借旁观者澄清。尽管有人认为教师可以使用元认知策略来认识自己的内隐理论，但在没有外部评价和激励的促动下，教师可以发展自己的元认知吗？元认知策略与反思性思维面对的是相同的困惑。不过，面对两种估计，与其视之为两种相反的推测，不如说它们实际上为教师的反思性思维的发生提供了两条思路：既可以由教师自己对自己反思，也可以借助同行或专家的评价来推进教师的反思。而理想的方式可能既非教师自己孤独探索，也非完全由同行或专家控制，而是在借助同行或专家建议之后，教师逐步成为独立的反思性教学者和反思性思维者。

## ◎ 本章回顾与反思

1. 作为一名教师，你在教学中是如何培养学生的思维的？

2. 为了成为更好的教师，请提出帮助或促进教师成长的建议。

# 参考文献

中文部分

Best，2000．认知心理学 [M]．黄希庭，主译．北京：中国轻工业出版社．

Robertson，2004．问题解决心理学 [M]．张奇，等译．北京：中国轻工业出版社．

爱因斯坦，英费尔德，1962．物理学的进化 [M]．周肇威，译．上海：上海科学技术出版社：66．

安桂清，2000．研究型课程探微 [J]．课程·教材·教法（3）：9-12．

奥苏伯尔，等，1994．教育心理学：认知观点 [M]．佘星南，宋钧，译．北京：人民教育出版社．

白学军，1996．智力心理学的研究进展 [M]．杭州：浙江人民出版社．

保罗，埃尔德，2006．批判性思维：思维、沟通、写作、应变、解决问题的根本技巧 [M]．乔苒，徐笑春，译．北京：新星出版社．

鲍尔，希尔加德，1987．学习论：学习活动的规律探索 [M]．邵瑞珍，皮连生，吴庆麟，等译．上海：上海教育出版社：37．

北京大学哲学系外国哲学史教研室，1957．古希腊罗马哲学 [M]．北京：生活·读书·新知三联书店：132．

邴正，1998．当代人与文化：人类自我意识与文化批判 [M]．长春：吉林教育出版社．

波利亚，2018．怎样解题：数学思维的新方法 [M]．涂泓，冯承天，译．上海：上海科技教育出版社．

柏拉图，1986．理想国 [M]．郭斌和，张竹明，译．北京：商务印书馆：215．

博斯，2016．独立思考：日常生活中的批判性思维 [M]．岳盈盈，翟继强，译．北京：商务印书馆．

布莱恩，加蒙，2016．左脑思维魔法训练 [M]．丁大刚，庞彦杰，译．上海：华东师范大学出版社．

布鲁纳，1989．教育过程 [C]．邵瑞珍，张渭城，等译 // 布鲁纳．布鲁纳教育论著选．北京：人民教育出版社．

布洛克，亨得利，2018．成长型思维训练：12 个月改变学生思维模式指导手册 [M]．张婕，译．上海：上海社会科学院出版社．

布洛克，亨得利，2020．成长型思维训练 2：让孩子永葆自我突破 追求卓越的能力 [M]．李华丽，译．上海：上海社会科学院出版社．

蔡克勇，1999．21 世纪中国教育向何处去 [M]．长春：吉林人民出版社．

陈桂生，1998．历史的"教育现象"透视：近代教育学史探索 [M]．北京：人民教育出版社：104．

陈桂生，2004．师道实话 [M]．上海：华东师范大学出版社．

陈龙安，1999．创造性思维与教学 [M]．北京：中国轻工业出版社．

陈慕泽，2002．非形式逻辑和批判性思维 [N]．光明日报，2002-08-06．

陈志良，1989．思维的建构和反思 [M]．北京：中国人民大学出版社．

程刚，郭瞻予，2000．知识的批判 [M]．沈阳：辽海出版社．

崔清田，2003．非形式逻辑与批判性思维 [J]．中山大学学报（社会科学版）（S1）：34-36．

邓刚，陈放，王谦，2006．教育理念的革新：塑造"智慧人" [J]．教育发展研究（9A）：63-67．

邓志伟，2002．个性化教学论 [M]．上海：上海教育出版社．

丁钢，1990．文化的传递与嬗变：中国文化与教育 [M]．上海：上海教育出版社．

丁际旺，2015．怎么想，就怎么教：从默会知识到思维教学 [M]．北京：教育科学出版社：197．

董奇，1993．儿童创造力发展心理 [M]．杭州：浙江教育出版社．

杜兰特，1997．哲学的故事 [M]．金发燊，等译．北京：生活·读书·新知三联书店．

杜威，1977．民主主义与教育 [C]//上海师范大学教育系，杭州大学教育系．杜威教育论著选．北京：人民教育出版社．

杜威，1990．民主主义与教育 [M]．王承绪，译．北京：人民教育出版社．

杜威，1991．我们怎样思维·经验与教育 [M]．姜文闵，译．北京：人民教育出版社．

恩田彰，等，1987．创造性心理学：创造的理论和方法 [M]．陆祖昆，译．石家庄：河北人民出版社．

范寿康，1928．教育大辞书（下册）[Z]．北京：商务印书馆：1445．

费舍尔，2007．教儿童学会思考 [M]．蒋立珠，译．北京：北京师范大学出版社．

高钢，1997．我所看到的美国小学教育 [N]．南方周末，1997-06-20．

高文，1998．现代教学的模式化研究 [M]．济南：山东教育出版社．

赫尔巴特，1989．普通教育学·教育学讲授纲要 [M]．李其龙，译．北京：人民教育出版社．

赫根汉，亨利，2020．心理学史导论（第 7 版下册）[M]．郭本禹，方红，等译．上海：华东师范大学出版社．

胡伦贵，等，1992．人的终极能量开发：创造性思维及训练 [M]．北京：中国工人出版社．

胡森，1987．论教育质量 [J]．施良方，译．华东师范大学学报（教育科学版）（3）：1-9．

怀特海，2010．思想方式 [M]．刘放桐，译．北京：商务印书馆．

吉尔福特，1991．创造性才能：它们的性质、用途与培养 [M]．施良方，沈剑平，唐晓哲，译．北京：人民教育出版社．

加德纳，1999．多元智能 [M]．沈致隆，译．北京：新华出版社．

金生鈜，2004．规训与教化 [M]．北京：教育科学出版社．

金一鸣，1995．教育原理 [M]．合肥：安徽教育出版社．

荆其诚，1991．简明心理学百科全书 [Z]．长沙：湖南教育出版社．

凯洛夫，1991．伟大的教育家扬·阿·夸美纽斯 [C]// 赵荣昌，单中惠．外国教育史教学参考资料．上海：华东师范大学出版社．

康德，1957．纯粹理性批判 [M]．蓝公武，译．北京：生活·读书·新知三联书店：71．

科恩，1986．自我论 [M]．佟景韩，范国恩，许宏治，译．北京：生活·读书·新知三联书店：47．

科尔，1935．西洋教育思潮发达史 [M]．于熙俭，译．北京：商务印书馆．

克伯屈，1991．教学方法原理：教育漫谈 [M]．王建新，译．北京：人民教育出版社．

孔庆东，摩罗，余杰，1999．审视中学语文教育 [M]．汕头：汕头大学出版社．

库姆斯，2001．世界教育危机 [M]．赵宝恒，等译．北京：人民教育出版社．

昆体良，1989．昆体良教育论著选 [M]．任钟印，选译．北京：人民教育出版社：30．

赖欣巴哈，1983．科学哲学的兴起 [M]．伯尼，译．北京：商务印书馆：8．

冷静，路晓旭，2020．批判性思维真的可教吗?：基于 79 篇实验或准实验研究的元分析 [J]．开放教育研究，26（6）：110–118．

黎世法，1989．异步教学论 [M]．武汉：湖北教育出版社．

李淑文，2006．创新思维方法论 [M]．北京：中国传媒大学出版社．

李幸，等，2019．基于设计的 STEM+C 教学对小学生计算思维的影响研究 [J]．中国电化教育（11）：104–112．

李瑜青，等，1998．人本思潮与中国文化 [M]．北京：东方出版社．

联合国教科文组织国际教育发展委员会，1996．学会生存：教育世界的今天和明天 [M]．华东师范大学比较教育研究所，译．北京：教育科学出版社．

林崇德，胡卫平，2010．思维型课堂教学的理论与实践 [J]．北京师范大学学报（社会科学版）（1）：29-36.

领荣，安涛，任岩，2019. STEM 教育中科学思维的培养探究 [J]. 现代教育技术，29（11）：107-113.

刘佛年，1995. 中国教育的未来 [M]. 合肥：安徽教育出版社.

刘磊，等，1998. 知识经济：第三次经济革命 [M]. 北京：中国大地出版社.

卢仲衡，1987. 自学辅导心理学 [M]. 北京：地质出版社.

陆有铨，1997. 躁动的百年：20 世纪的教育历程 [M]. 济南：山东教育出版社.

罗素，1997. 西方的智慧（上）[M]：崔权醴，译. 北京：文化艺术出版社.

吕达，张廷凯，2000. 试论我国基础教育课程改革的趋势 [J]. 课程·教材·教法（2）：28.

马斯洛，1987. 存在心理学探索 [M]. 李文湉，译. 昆明：云南人民出版社：131.

麦科伊，2002. 我怎么没想到？[M]. 曹彦博，译. 北京：中信出版社.

美国信息研究所，1999. 知识经济：21 世纪的信息本质 [M]. 王亦楠，译. 南昌：江西教育出版社：36.

宁鸿彬，2000. 发展学生的创造性思维 [C]// 江明. 问题与对策：也谈中国语文教育. 北京：教育科学出版社.

欧文，2018. 成长型思维：从平凡到优秀的七种思维模式 [M]. 傅婧瑛，译. 北京：人民邮电出版社.

欧阳绛，2005. 思维是一种能量 [M]. 北京：中央编译出版社.

彭华生，1996. 语文教学思维论 [M]. 南宁：广西教育出版社.

彭越，陈立胜，1996. 西方哲学初步 [M]. 广州：广东人民出版社.

皮连生，1996. 智育心理学 [M]. 北京：人民教育出版社：41.

平克，2013. 全新思维：决胜未来的 6 大能力 [M]. 高芳，译. 杭州：浙江人民出版社.

钱学森，1986. 关于思维科学 [M]. 上海：上海人民出版社.

邱学华，1982. 尝试教学法的理论与实践 [J]. 福建教育（11）：32-35.

瞿葆奎，施良方，1988.“形式教育”与“实质教育”（上）[J]．华东师范大学学报：教育科学版（1）：9-24．

任樟辉，1990．数学思维论[M]．南宁：广西教育出版社．

单中惠，1996．西方教育思想史[M]．太原：山西人民出版社．

上官子木，2004．创造力危机：中国教育现状反思[M]．上海：华东师范大学出版社．

沈火种，2007．如水滴石：语文课堂中的德育[J]．思想理论教育（2）：55-57．

十四院校《文学理论基础》编写组，1981．文学理论基础[M]．修订本．上海：上海文艺出版社．

斯卡特金，1982．现代教学论问题[M]．张天恩，译．北京：教育科学出版社．

孙培青，1992．中国教育史[M]．上海：华东师范大学出版社．

谭和平，李其维，1998．略论思维的可训练性[J]．华东师范大学学报（教育科学版）（4）：46-57．

唐湘岳，瞿朝晖，2003．黄老师“三胡策略”引发争议[N]．光明日报，2003-09-28．

滕守尧，1997．文化的边缘[M]．北京：作家出版社．

梯利，伍德，1995．西方哲学史[M]．增补修订版．葛力，译．北京：商务印书馆．

汪安圣，1992．思维心理学[M]．上海：华东师范大学出版社．

王方名，张帆，1979．从人类思维实际看形象思维[J]．文艺研究（4）：106-113．

王健，2007．让思想冲破牢笼：一堂震撼人心的创新思维课[M]．北京：北京大学出版社．

王丽，1998．中国语文教育忧思录[M]．北京：教育科学出版社．

王晓平，1987．通过思维教学培养儿童智力的实验研究[J]．心理学报（1）：25-33．

卫灿金，1997．语文思维培育学 [M]．修订本．北京：语文出版社．

温德，克鲁克，2005．超常思维的力量 [M]．周晓林，译．北京：中国人民大学出版社：3-4．

温寒江，连瑞庆，2001．发展形象思维与培养创新能力的理论研究 [J]．教育研究（8）：45-49．

吴逢高，滕海川，2020．融合 STEM 教育理念，优化小学科学教学，践行创新思维培养 [J]．中国科技教育（6）：64-66．

吴国平，2018．课程中的儿童哲学 [M]．上海：上海教育出版社．

吴天敏，1983．提高智慧的初步研究 [J]．心理学报（3）：250-255．

吴天敏，1985．提高智慧的再次研究 [J]．心理学报（1）：38-45．

吴文侃，1990．当代国外教学论流派 [M]．福州：福建教育出版社．

武宏志，2003．批判性思维与逻辑教育教学 [J]．延安大学学报（社会科学版），25（1）：19-23．

熊明辉，2006．试论批判性思维与逻辑的关系 [J]．现代哲学（2）：114-118．

徐远和，1994．儒学与东方文化 [M]．北京：人民出版社．

薛涌，2006．精英的阶梯：美国教育考查 [M]．北京：新星出版社．

雅斯贝尔斯，1991．什么是教育 [M]．邹进，译．北京：生活·读书·新知三联书店．

叶圣陶，2021．叶圣陶语文教育论集 [M]．北京：教育科学出版社．

于永正，1999．教海漫记 [M]．徐州：中国矿业大学出版社．

俞国良，1996．创造力心理学 [M]．杭州：浙江人民出版社．

袁振国，2007．教育新理念 [M]．北京：教育科学出版社．

岳晓东，龚放，1999．创新思维的形成与创新人才的培养 [J]．教育研究（10）：9-16．

赞科夫，1985．教学与发展 [M]．杜殿坤，等译．北京：人民教育出版社．

张法琨，1983．"传统教育"与"现代教育"的一致性初议 [J]．辽宁高等教育研究（3）：44-51．

张焕庭，1964．西方资产阶级教育论著选 [M]．北京：人民教育出版社．

张慕蕴，王继桢，1980.儿童思惟发展潜力初探：一年级小学生第一学期就掌握了八位数的读法和写法 [J]．心理学报（4）：397-405.

张庆林，1995．当代认知心理学在教学中的应用：如何教学生学会学习和思维 [M]．重庆：西南师范大学出版社：2．

张世英，1995．天人之际：中西哲学的困惑与选择 [M]．北京：人民出版社．

张屹，王珏，张莉，等，2020．STEM 课程中 DBL 教学培养小学生计算思维的研究 [J]．电化教育研究（5）：81-88．

张肇丰，2000．试论研究性学习 [J]．课程·教材·教法（6）：42-45．

赵光武，1999．思维科学研究 [M]．北京：中国人民大学出版社．

赵汀阳，1998．一个或所有问题 [M]．南昌：江西教育出版社．

中国大百科全书总编辑委员会《教育》编辑委员会，中国大百科全书出版社编辑部，1985．中国大百科全书：教育 [M]．北京：中国大百科全书出版社：522．

钟启泉，2002．"批判性思维"及其教学 [J]．全球教育与展望，31（1）：34-38．

周国平，1996．守望的距离：周国平散文集 [M]．北京：东方出版社．

周国平，2005．纯粹的智慧 [M]．北京：中国电影出版社．

周建平，2006．追寻教学道德：当代中国教学道德价值问题研究 [M]．北京：教育科学出版社．

周先乾，文兰森，1990．中学作文新题设计精编 [M]．重庆：西南师范大学出版社．

朱光潜，1980．形象思维在文艺中的作用和思想性 [J]．中国社会科学（2）：107-113．

朱绍禹，1988．中学语文教学法 [M]．北京：高等教育出版社．

朱智贤，林崇德，1986．思维发展心理学 [M]．北京：北京师范大学出版社．

祝智庭，肖玉敏，雷云鹤，2018．面向智慧教育的思维教学 [J]．现代远程教育研究（1）：47-57.

佐藤学，2003．静悄悄的革命：创造活动的、合作的、反思的综合学习课程[M]．李季湄，译．长春：长春出版社．

## 外文部分

Asghar A, Ellington R, Rice E, et al., 2012. Supporting STEM Education in Secondary Science Contexts[J]. Interdisciplinary Journal of Problem-based Learning, 6(2):85-125.

Baumfield V, 2006. Tools for Pedagogical Inquiry: the Impact of Teaching Thinking Skills on Teachers[J]. Oxford Review of Education, 32(2):185-196.

Bennett N, Dunne E, 1996. Managing Classroom Groups[M].Hemel Hempstead: Simon & Schuster Education.

Beyer B K, 2008. What Research Tells Us about Teaching Thinking Skills[J]. The Social Studies, 99(5): 223-232.

Brady L, 1987. Curriculum Development[M]. Sydney: Prentice Hall.

Bransford J, Brown A, Cocking R, 1999. How People Learn: Brain, Mind, Experience and School[M].Washington, DC: National Academy Press.

Bruner J, 1961. The Act of Discovery[J]. Harvard Education Review(31): 21-32.

Castledine R, Chalmers C, 2011. LEGO Robotics: An Authentic Problem Solving Tool [J]. Design and Technology Education, 16(3): 19-27.

DfES, QCA, 2000. The National Curriculum in England-handbook for Primary Teachers , Key Stages 1 and 2[M]. London: The Stationery Office.

Edward de Bono, 1982. Teaching Thinking[M]. London: Penguin Books.

Edward de Bono, 1983. The Direct Teaching of Thinking as a Skill[J].The Phi Delta Kappan, 64(10):703-708.

Fisher R, 1998. Teaching Thinking: Philosophical Enquiry in the

Classroom[M]. London: Continuum International Publishing Group Ltd.

Freseman R D, 1990. Improving Higher Order Thinking of Middle School Geography Students by Teaching Thinking Directly [M].Fort Lauderdale, FL: Nova University.

Higgins S, 2001.Developing Thinking Skills in the Primary Classroom[R]. Presented at the Register of Primary Research Seminar Conference "Raising Achievement: Developing Thinking Skills".University College Worcester, 2001– 10–27.

Higgins S, Baumfield V, 1998. A Defence of Teaching General Thinking Skills[J]. Philosophy of Education, 32(3):391–397.

Higgins S, Hall E, Baumfield V, et al., 2005.A Meta-analysis of the Impact of the Implementation of Thinking Skills Approaches on Pupils[EB/OL]. [2020–08– 20].http://eppi.ioe.ac.uk/cms/Default.aspx?tabid=338.

Hirsch E, 1987. Cultural Literacy: What Every American Needs to Know[M]. Boston: Houghton Mifflin.

Jones H, 2008. Thoughts on Teaching Thinking: Perceptions of Practitioners with a Shared Culture of Thinking Skills Education[J]. The Curriculum Journal, 19(4):309–324.

Kantowitz B, Roediger H, 1997. Experimental Psychology: Understanding Psychological Research[M]. Paul: West Publishing Company:329.

Lipman M, 1991. Thinking in Education[M].Cambridge: Cambridge University Press.

Lipman M, 1982. Philosophy for Children[J]. Thinking: The Journal of Philosophy for Children (1.3):37.

Marland P, 1994. Teaching: Implicit Theories[M]//Husent, et al. The International Encyclopedia of Education.2nd ed.NewYork: Pergamon.

Marzano R, 1993. How Classroom Teachers Approach the Teaching of

Thinking[J].Theory into Practice, 32(3):154–160.

McPeck J, 1990. Teaching Critical Thinking: Dialogue and Dialectic[M]. London: Routledge.

Moseley D, Baumfield J, Elliott M, et al., 2003. Thinking Skill Frameworks for Post-16 Learners: An Evaluation. Learning and Skills Development Agency (LSDA). Available online at: http://www.lsda.org.uk/files/pdf/1541.pdf.

Rosenshine B, Meister C, 1994. Reciprocal Teaching: A Review of the Research[J].Review of Educational Research, 64(4):479–530.

Ruggiero, 1988. Teaching Thinking across the Curriculum[M].New York: Harper & Row Publishers.

Schiever S, 1991. A Comprehensive Approach to Teaching Thinking[M]. Boston: Allyn & Bacon.

Sternberg R, 2006. The Nature of Creativity[J].Creativity Research Journal, 18(1): 87–98.

Sternberg R, Swerling L, 1996.Teaching for Thinking[M].Washington, DC: American Psychological Association.

Tishman S, Perkins D, Jay E, 1994. The Thinking Classroom: Learning and Teaching in a Culture of Thinking[M]. Boston, MA: Allyn & Bacon.

Tornero, 2017. Prospective Primary Teachers' Perceptions About Their Ability to Use and Teach Thinking Skills[J]. Journal of Constructivist Psychology (2):127–145.

Wegerif R, 2007. Dialogic Education and Technology: Expanding the Space of Learning[M]. Boston: Springer.

Zohar A, 1999. Teachers Metacognitive Knowledge and the Instruction of Higher Order Thinking[J].Teaching and Teacher Education (15):413–429.

# 后　记

　　2020 年 4 月 22 日，新冠肺炎疫情的影响仍在持续之中，"新世纪教师教育丛书"修订工作会议通过视频连线的方式召开。丛书主编袁振国教授，教育科学出版社总编辑郑豪杰先生和编辑团队，以及丛书各专著的作者，20 多位同志相聚在电脑屏幕前，就丛书的修订工作和思路、建议进行交流。多位作者不约而同回顾了各自的著作从最初萌生想法到出版之后的整个过程，尤其是在学界同行和一线实践领域产生的影响，及至对个人的学术成长和研究发展带来的推动，满满都是深情回顾和感恩感动。

　　感谢所有关心和支持本书修订工作的人们。王致襄小朋友，帮忙提供了插图，还真实反馈了我客串儿童哲学任课教师的班级同学评教意见，并令人吃惊地从小学生角度提出中肯有用的改进建议，使我不仅心悦诚服地接受，而且由此进一步引发了我对师生关系等很多教育问题的思考；多位中小学校长和老师，我曾经的博士生或硕士生，从读者的角度提供了阅读体验的反馈和对部分问题的思考，帮助我更好地在此次修订工作中做到"断舍离"，并朝着更新和实用努力；我的两位小同事，科研助理曾赛阳帮我完成了烦琐的参考文献格式调整等工作，行政助理樊艺琳帮我完成了美化插图和照片处理等工作；教育科学出版社的编辑殷欢老师，不仅适时督促工作进展，还提供参考资料和专业的审读意见。还有其他很多在这个过程中给予我信念、力量与影响的人，恕我不能一一列出他们的姓名。唯有衷心的致谢！

感恩生活，感谢所有！

郅庭瑾

2021 年元宵节于上海

出 版 人　郑豪杰
责任编辑　殷　欢
版式设计　孙欢欢
责任校对　翁婷婷
责任印制　叶小峰


**图书在版编目（CIP）数据**

为思维而教 / 郅庭瑾著 . —3 版 . —北京：教育
科学出版社，2022.7（2024.7 重印）
（新时代教师教育丛书 / 袁振国 主编）
ISBN 978-7-5191-2991-0

Ⅰ . ① 为… Ⅱ . ① 郅… Ⅲ . ① 教学法－研究 Ⅳ .
① G424

中国版本图书馆 CIP 数据核字（2022）第 036641 号


新时代教师教育丛书
**为思维而教（第 3 版）**
WEI SIWEI ER JIAO（DI 3 BAN）

| | | | | | |
|---|---|---|---|---|---|
| 出 版 发 行 | 教育科学出版社 | | | | |
| 社　　　址 | 北京·朝阳区安慧北里安园甲 9 号 | | 邮　　编 | 100101 | |
| 总编室电话 | 010-64981290 | | 编辑部电话 | 010-64981269 | |
| 出版部电话 | 010-64989487 | | 市场部电话 | 010-64989009 | |
| 传　　　真 | 010-64891796 | | 网　　址 | http://www.esph.com.cn | |
| 经　　　销 | 各地新华书店 | | | | |
| 制　　　作 | 北京浪波湾图文设计有限公司 | | 版　　次 | 2001 年 12 月第 1 版 | |
| 印　　　刷 | 三河市兴达印务有限公司 | | | 2007 年 12 月第 2 版 | |
| 开　　　本 | 710 毫米 ×1000 毫米　1/16 | | | 2022 年 7 月第 3 版 | |
| 印　　　张 | 15.5 | | 印　　次 | 2024 年 7 月第 6 次印刷 | |
| 字　　　数 | 171 千 | | 定　　价 | 48.00 元 | |

图书出现印装质量问题，本社负责调换。